Ciro Daniel Souza da Silva

Questione!

Por que saber perguntar é mais efetivo do que ter todas as respostas?

Todos os direitos reservados. Literare Books International Ltda.

A reprodução ou transmissão de parte ou seu todo, por qualquer meio, somente com autorização prévia por escrito.

Presidente: Maurício Sita
Diretora de Projetos: Gleide Santos
Diretora de Operações: Alessandra Ksenhuck
Diretora Executiva: Julyana Rosa
Relacionamento com o cliente: Claudia Pires
Capa e revisão: Natyelle Oliveira
Edição e diagramação: Renan Silva
Editora: Literare Books International Ltda
Impressão: Epecê
Tiragem: 2 mil exemplares

Dados Internacionais de Catalogação na Publicação (CIP)
(eDOC BRASIL, Belo Horizonte/MG)

S586q   Silva, Ciro Daniel Souza da.
         Questione! Por que saber perguntar é mais efetivo do que ter todas as respostas? / Ciro Daniel Souza da Silva. – São Paulo (SP): Literare Books International, 2018.
         13,5 x 15 cm

         ISBN 978-85-9455-134-4

         1. Andragogia. 2. Aprendizagem de adultos. 3. Vendas. I. Título.
         CDD 374

Elaborado por Maurício Amormino Júnior – CRB6/2422

Literare Books International Ltda
Rua Antônio Augusto Covello, 472 – Vila Mariana – São Paulo, SP
CEP 01550-060
Fone: (0**11) 2659-0968
site: www.literarebooks.com.br / e-mail: contato@literarebooks.com.br

Sumário

Introdução 5
Perguntas "potencialmente" poderosas 7
Classificação das perguntas 14
Estratégias que facilitam ao perguntar 18
Elementos nucleares das perguntas potencialmente poderosas 23
    - Propósito 28
    - Pureza 35
    - Preâmbulo 37
    - Perspectivas 40
    - Pronomes interrogativos 44
    - Palavras estratégicas 55
    - Pressupostos 60
Ativador de perguntas 65
Perguntas que facilitam 75
Perguntas que vendem 87
Perguntas que influenciam 92
Perguntas baseadas em valores 97
Perguntas que solucionam 101
Perguntas que esclarecem 108
Perguntas autonomizadoras 111

Introdução

Logo que aprendemos a falar, quase que instantaneamente, tendo como combustível uma forte dose de curiosidade, e armados com os "porquês", questionamos tudo e todos, quase que o tempo todo. Com o passar do tempo, incentivados por um sistema que se concentra mais na memorização e repetição de respostas do que na arte de buscar novas possibilidades, acontece uma inversão completa: ao invés de questionarmos, passamos apenas a responder.

No entanto, as perguntas têm o poder de dirigir nossos pensamentos e, com isso, nossos atos e os resultados que desejamos. Temos a capacidade de mudar deliberadamente nossas perguntas internas e assumir as rédeas de nossos pensamentos. Da mesma forma que a escuta é o lado oculto da comunicação, podemos dizer que o ato de perguntar é o lado oculto do falar. As perguntas que você faz determinarão onde focaliza, como pensa, como sente e o que faz.

As diversas ciências se apropriaram dessa fina arte. Nas ciências jurídicas, os juízes, promotores e advogados inquirem a testemunha, enquanto que os delegados e policias interrogam os suspeitos. Na filosofia, os filósofos questionam a essência e a natureza da vida e do universo, enquanto na educação, os professores indagam seus alunos. Nas empresas, nos consultórios e nas salas de reuniões, consultores, psicólogos e *coaches* fazem perguntas aos seus clientes, pacientes e *coachees*, respectivamente.

As perguntas também servem para pedir informações, identificar as necessidades de um cliente ou para escolher o candidato mais adequado para a vaga.

O nosso processo de pensar é um pensar com perguntas. Quando acordamos, ao abrirmos a porta do guarda-roupas, questionamos internamente "que roupa irei vestir hoje?". Não há uma resposta sem uma pergunta prévia. Portanto, pensar é um processo de fazer e responder perguntas.

As perguntas são as chaves para abrir portas fechadas. Algumas, inclusive, desafiam o pensamento, tanto o nosso como o de outras pessoas, principalmente aquelas perguntas consideradas "poderosas". Funcionam como um balde de água fria em nossas mais calorosas suposições, além de forçarem uma nova forma de pensar. As boas perguntas, aquelas que nos fazem pensar, são mais poderosas do que as respostas geram.

Perguntas "potencialmente" poderosas

A primeira vez que escutei a expressão "perguntas poderosas" foi em 2010, durante a minha primeira formação em *Coaching*. O *Coach* disse que uma pergunta poderosa normalmente começava com O que, Qual ou Como. Inclusive, alguns autores criaram características com o objetivo de definir as perguntas e enquadrá-las como eficazes, fracas, poderosas, essenciais etc.

Andrea Lages e Joseph O'Connor são exemplos disso. Para eles, perguntas eficazes apresentam cinco características - embora eu acredite que são questionáveis, por isso colocarei uma pergunta após cada característica, para ampliar nossas perspectivas:

1) "Elas normalmente iniciam-se com a expressão 'O que'." (E quanto aos outros pronomes interrogativos?);

2) "Perguntas Eficazes levam à ação." (E quando o propósito for gerar reflexão, deixará de ser eficaz?);

3) "Perguntas eficazes são orientadas para metas em vez de problemas." (E quanto àquelas situações em que devemos buscar compreender melhor o problema antes de buscar soluções?);

4) "Perguntas eficazes levam o cliente ao futuro em vez de buscar explicações no passado." (E quando queremos que a pessoa ressignifique o passado?);

5) Perguntas eficazes contêm hipóteses sólidas que serão proveitosas para o cliente.

Outras características das perguntas poderosas:
- Buscam aprofundar o aprendizado ou levar à ação;
- Fazem a pessoa pensar;
- São curtas, contêm 7 ou 8 palavras no máximo;
- Devem ser feitas uma por vez.

Assim, uma pergunta será poderosa quando:
- Gerar curiosidade no ouvinte;
- Estimular uma conversa reflexiva;
- Trouxer os pressupostos subjacentes;
- Convidar à criatividade e novas possibilidades;
- Gerar energia e avanço;
- Provocar um significado mais profundo;
- Evocar mais perguntas.

Embora essas características tenham o seu valor, uma pergunta somente poderá ser considerada poderosa se ela conseguir irradiar seus efeitos na pessoa a quem é dirigida. Portanto, inicialmente essa pergunta será potencialmente poderosa, pois o seu poder não está na pergunta em si, mas no resultado produzido por ela.

A mesma pergunta feita para pessoas diferentes poderá ser poderosa numa situação e em outra não, justamente pelo resultado alcançado. E ainda, a mesma pergunta feita em momentos diferentes para a mesma pessoa poderá num momento alcançar seu propósito e em outro não.

Por isso, levar em consideração a pessoa e o momento no qual ela está será fundamental. Da mesma forma que o "*timing*" é crucial ao se contar uma piada, também é decisivo ao se fazer uma pergunta. Perguntar no momento inadequado poderá não atingir o resultado esperado.

Bons resultados começam com boas perguntas!

Se fazer boas perguntas é tão importante, por que não investimos mais tempo e energia em descobrir e elaborar o questionamento mais assertivo e poderoso?

Em parte, porque a cultura ocidental está centrada em ter a "resposta certa" e não em descobrir a "pergunta correta". Nosso sistema de educação se concentra mais na busca pelo resultado do que no desenvolvimento da nossa capacidade de questionar.

Desenvolvemos a crença de que não devemos fazer muitas perguntas para não passarmos a imagem de que não sabemos. Há ainda uma interpretação de que pessoas que fazem muitas perguntas são tidas como "chatas".

O subtítulo da página anterior foi extraído de uma fábula que retrata esta cultura e foi escrita por Marilee Adams, cujo livro tem um título muito convidativo: "Faça as perguntas certas e viva melhor". A autora conta a estória de um gerente com a crença de que "os líderes deveriam apresentar respostas e não perguntas". Ele estava prestes a pedir demissão em função dos resultados que estava entregando - ou melhor, que não estava. A diretora não aceitou sua demissão e recomendou que ele passasse por um processo de *Coaching* Executivo com a mesma pessoa que a ajudou quando ela esteve em situação similar. Ela o intitulou de "*Coach* Indagador". Quer saber como termina a parábola? Recomendo que leia o livro, pois o ajudará a entender o método de pensar com perguntas.

Não diga aos outros o que fazer, ensine-os a pensar

A frase acima foi extraída do título do livro de David Roch. Ele defende que os líderes devem se preocupar em aperfeiçoar o pensamento de seus liderados, e acredita que "quando pensamos por outras pessoas, não estamos apenas desperdiçando nossa própria energia; também estamos prejudicando essas pessoas ao impedirmos que elas próprias cheguem às respostas corretas."

O método para ajudar as pessoas a pensar é simples: faça perguntas! "Quando fazemos um número suficiente de perguntas adequadas, isso tende a levar as pessoas a seus próprios momentos de revelação."

Faça perguntas em vez de dar ordens diretas

Fiz minha primeira formação como *Trainer* na Dale Carnegie, e li as obras deixadas por ele algumas dezenas de vezes. O subtítulo acima é uma das recomendações dele no livro Como fazer amigos e influenciar pessoas. Carnegie defendia que "as perguntas tornam as ordens mais aceitáveis". E mais, ele acreditava que elas "estimulam a criatividade da pessoa a quem são feitas."

Agora, pense nisso aplicado a um contexto de liderança, por exemplo. Um líder pode empregar essa estratégia e envolver a pessoa na formulação daquilo que ela mesma irá fazer, principalmente no "como" fazer. Um bom líder pode se tornar mais conhecido pelas perguntas que faz do que pelas ordens que dá.

Diretor de Perguntas Fundamentais?

Uma organização alemã tem em seu quadro de diretores um cargo tanto peculiar quanto intrigante. O título é Direktor Grundsatzfragen, traduzido para o espanhol como Director de Preguntas fundamentales - ou em Português, Diretor de Perguntas Fundamentais.

A pessoa que ocupa esta função tem como missão elaborar e fazer perguntas tidas como "fundamentais". Podemos inferir a importância que esta organização dá para o processo de fazer perguntas, uma vez que criou uma diretoria com este propósito. E na sua organização, existe alguém com este objetivo? Consta no organograma uma diretoria cuja finalidade seja fazer perguntas?

Método Socrático

Sócrates talvez tenha sido o filósofo mais famoso da história humana por conta de seu método de gerar ideias. Ele desafiava seus alunos, amigos e até inimigos a fazerem descobertas a partir do que ele denominou de "perguntas desconfortáveis e essenciais".

A maiêutica (que significa "parteira" em grego, ou seja, "aquela que ajuda a nascer"), é um método investigativo com o objetivo de extrair a verdade. Trata-se de um "parto de ideias". O termo é uma homenagem à mãe do filósofo, que era parteira. Embora tenha tentado seguir o ofício do pai, que era escultor, Sócrates acabou, ao menos metaforicamente, seguindo o oficio da mãe, ajudando outras pessoas a parirem suas ideias - da mesma forma, este livro tem também o objetivo de ajudá-lo a dar à luz a novos pensamentos.

Classificação das perguntas

Enquanto o método socrático tornou-se uma técnica essencial para gerar reflexão, outro filósofo grego teve um papel central na elaboração do conhecimento científico contemporâneo. Aristóteles foi um dos pioneiros na classificação das coisas. Classificar algo sempre tem o propósito de tornar mais didático o entendimento do objeto classificado. Com a categorização das coisas, diferentes ramos da ciência evoluíram e puderam ser catalogados e separados para estudo. Mas, não são apenas cientistas que fazem uso da herança aristotélica. Muitos estudiosos se debruçaram sobre a fina arte de questionar e elaboraram classificações para as perguntas. Algumas delas são:

A. Perguntas abertas e perguntas fechadas:
A.1. Abertas: são projetadas para abrirem possibilidades e não podem ser respondidas com um simples "sim" ou "não".

A.2. Fechadas: são projetadas para fechar possibilidades e podem ser respondidas com um simples "sim" ou "não".

B. Perguntas internas ou perguntas externas:
B.1. Internas: são aquelas que fazemos para nós mesmos.
B.2. Externas: são aquelas dirigidas a terceiros.

C. Perguntas diretas ou manipuladoras:
C.1. Diretas: que buscam a verdade.
C.2. Manipuladoras: que buscam obter uma resposta específica em prol dos seus próprios propósitos.

D. Perguntas horizontais ou perguntas verticais:
D.1. Perguntas Horizontais: quando buscamos várias respostas para a mesma pergunta, com a participação de diferentes membros do grupo. Normalmente quando fazemos uma pergunta aberta, mais de uma pessoa pode ter uma resposta para essa questão. Escutamos a primeira resposta, em seguida, podemos fazer perguntas como: "Quem mais tem uma opinião?"; Ou simplesmente "O que mais?". Quando o grupo não apresenta a resposta que você busca, pode fazer outras perguntas: "Além disso?".

D.2. Perguntas Verticais: utilizamos este tipo de perguntas quando buscamos profundidade sobre um determinado assunto. Podemos fazer uma pergunta aberta e em seguida comentar: "por favor, fale um pouco mais sobre...". Isso levará a pessoa a aprofundar um pouco mais. Outra estratégia é fazer uma nova pergunta para ir afunilando e aprofundando as respostas.

E. Pergunta retórica: é uma interrogação que não tem como objetivo obter uma resposta, mas sim estimular a reflexão do indivíduo sobre determinado assunto.

Perguntas a serem evitadas

A) Perguntas duplas: simplesmente confundem as pessoas. Por exemplo: "Quando você diz que gosta de trabalhar com computadores, por que isso ocorre? Você se refere a qualquer tipo de computador ou tem mais interesse por Mac"? Neste exemplo, existem duas questões e o respondente precisará se concentrar para lembrar-se das duas partes da pergunta para conseguir responder.

B) Perguntas orientadas ou afirmativas: sugerem a resposta. Por exemplo: "Você pensou que a internet poderia ser uma forma interessante para encontrar esta informação?" A resposta óbvia que se espera é "sim", desse modo poupando o respondente do incômodo de pensar por si mesmo.

C) Perguntas do tipo "conselho dissimulado": são bem intencionadas, mas, novamente, impedem a aprendizagem e geram oposição na mente do ouvinte. Por exemplo: "Quando enfrentei este problema, senti que me ajudou o fato de agir com bastante calma. Você não acha que poderia sentir o mesmo"?

D) Também evite qualquer pergunta que comece com:
É / Não é verdade que...?
Você acha / não acha que...?
Será que você deveria / não deveria...?

Estratégias que facilitam ao perguntar

Ampliadores: eles ajudam a obter mais participação ou gerar mais respostas, principalmente quando as respostas adequadas não apareceram ou quando você quer que mais pessoas respondam.
- O que mais?
- Além disso?
- Quais outras possibilidades?
- Quem mais?

Perguntas de Foco: muito útil para ajudar a manter o foco, principalmente quando apresentam informações fora do contexto do evento.
- Me ajude a entender qual a relação deste ponto com o que estamos conversando?

Suavizadores de perguntas: são elementos que abrandam o impacto do que é dito e devem ser cuidadosamente observados no momento da elaboração das perguntas.
Estou curioso...

Fico imaginando...
Só por um momento...
Vamos supor que...
Seria aceitável...
Se fosse possível...

O silêncio é seu amigo: quando fizer uma pergunta, aguarde a resposta. O silêncio pode ser poderoso. Normalmente, quando as pessoas não compreenderam a pergunta, elas falam. No entanto, se você ficar em dúvida, uma estratégia é explicar antes os dois tipos de perguntas que geram silêncio:

Tipo 1: Quando estão pensando na resposta, portanto, refletindo.

Tipo 2: Quando não entenderam a pergunta. Diga que eles podem ficar à vontade para dizer quando for do tipo 2, afinal a expressão no rosto deles é igual para os dois tipos.

Responda para todos: a pergunta pode ter sido feita por um participante apenas, mas a resposta pode servir para todos, e evita que outras pessoas fiquem dispersas. Faça contato visual com todos os participantes ao responder.

Diferencie fato de opinião: ao responder uma pergunta, deixe claro quando sua resposta está baseada em dados e fatos e quando é sua opinião pessoal. Isso poderá aumentar sua credibilidade.

Quando não souber a resposta: repasse a pergunta para todos do grupo para ver se alguém sabe. Nós não temos que saber a resposta sempre. Às vezes, é apropriado se oferecer para descobrir a resposta e compartilhar depois.

Evite qualificar as perguntas: como por exemplo "Essa é uma boa pergunta!", pois isto poderá gerar constrangimento nas outras pessoas que fizeram uma pergunta e ela não foi qualificada. Ao mesmo tempo, poderá inibir outras pessoas, por pensarem que talvez a sua pergunta não seja tão boa quanto a da outra pessoa.

Agradeça às pessoas: é prudente agradecer às pessoas que respondem nossas perguntas, pois poderá incentivar a participação de outras pessoas.

Envolva todos: aplique essa estratégia para envolver quem ainda não falou.

Observei que 4 ou 5 pessoas já comentaram sobre este ponto.

Podemos ouvir agora as pessoas que ainda não falaram?

Evite "alguma pergunta?": ao invés de falar "alguma pergunta", pergunte "quem fará a primeira pergunta?" ou "quais perguntas vocês querem fazer?". Outra estratégia, para aumentar a participação, é colocar os participantes em duplas ou trios e pedir para que eles anotem uma ou duas perguntas sobre o conteúdo. Depois, distribua no sentido inverso que recolheu, de forma que cada dupla ou trio receba a(s) pergunta(s) feita(s) por outros colegas. Caso as pessoas não saibam a resposta, peça ajuda para quem elaborou a pergunta, ou responda você mesmo.

Evite a síndrome do R.E.J.:

- *Remate:* comentar o que a pessoa acabou de dizer. Em algumas situações pode ser importante, para tornar claro algum ponto ou ainda para reforçá-lo. No entanto, ao fazer o remate, pode inibir a participação de outras pessoas e perder muito tempo.

- *Eco:* repetir o que a pessoa acabou de falar, a não ser que tenha o propósito de reforçar ou porque outros podem não ter escutado, por algum motivo.

- *Invalidar:* é importante acolher as respostas das pessoas ao invés de invalidá-las. Se não for a resposta que você está buscando, apenas use os ampliadores. Se o comentário fugiu do foco, faça uma pergunta para trazer para o foco. Se a resposta está errada e não é possível, por algum motivo, aplicar os ampliadores, parafraseie o que foi dito. Evite dizer que a pessoa está errada, pois o foco é o conteúdo e não a pessoa.

Elementos nucleares das perguntas potencialmente poderosas

Os 7 ps das perguntas potencialmente poderosas:
Propósito, pureza, preâmbulo, perspectivas, pronomes interrogativos, palavras estratégicas e pressupostos

O ano era 2005, eu estava na faculdade de Direito. A aula era sobre Hermenêutica Jurídica. Embora não consiga lembrar o nome do professor, lembro-me claramente da sua explicação e didática ao falar sobre o círculo hermenêutico. Basicamente, ele explicava que era necessária a compreensão do todo de um texto jurídico a partir de suas partes, assim como compreender as partes a partir do todo.

Aquilo fez total sentido pra mim quando aplicado ao contexto jurídico, mas foram necessários muitos anos e a análise de centenas de perguntas em diversas áreas da ciência (filosofia, psicologia, administração e até mesmo perguntas de *coaching*) para que eu percebesse que o conceito do círculo hermenêutico também poderia se aplicar em outros contextos. Eu entendi que é possível compreender as perguntas a partir dos elementos que as compõem!

Inicialmente, encontrei 5 elementos e os classifiquei, todos iniciando com a letra P, - com a finalidade de deixar mais didático e auxiliar na sua memorização. Os 5 elementos iniciais são: propósito, perspectivas, pronomes interrogativos, palavras estratégicas e pressupostos. Foram necessários mais alguns anos para que eu percebesse que existem outros 2 elementos igualmente relevantes - e para manter a didática, procurei sinônimos que se iniciassem também com a letra P. Os 2 elementos complementares são: preâmbulo (contexto inicial) e a pureza (sinceridade).

Nem todas as perguntas apresentarão os 7 Ps - alguns dos elementos aparecem em situações muito específicas, como é o caso do preâmbulo. Em outros casos, a pergunta não possui palavras suficientes para identificar os seus elementos, como é o caso da pergunta "E aí?".

As perguntas podem sim possuir outros elementos, como verbos de ação, pronomes (pessoais, possessivos, etc), mas entendo que eles poderão estar inseridos, ainda que implicitamente, nos 7 Ps.

Analise o contexto

O contexto em que a pergunta é feita impactará diretamente em como será respondida. Como afirmou a professora de Psicologia de Harward, Ellen J. Langer, "os contextos controlam nosso comportamento, e nossa mentalidade determina como interpretamos cada contexto."

Durante alguns treinamentos sobre como fazer perguntas potencialmente poderosas, eu peço para os participantes anotarem uma pergunta que gostariam que fosse feita para eles. Em seguida, solicito que façam mentalmente essa pergunta. Logo após, peço permissão para levá-los em uma viagem guiada através do poder da visão mental.

Nesse momento crio um contexto, peço que os participantes se sentem numa posição confortável, que fechem os olhos e relaxem por alguns instantes concentrando a atenção em sua respiração. Peço que criem a imagem de um lugar seguro , e então faço as seguintes perguntas, para que respondam mentalmente:

Como é esse lugar? O que você percebe? O que quer que você veja, imagine ou sinta que este lugar é exatamente como ele deve ser. Onde quer que você esteja, observe o que está ao seu redor. Sinta e veja os detalhes. Quais são as cores? Que sons consegue ouvir? Você pode querer pegar em algo. Quais são os aromas que você consegue sentir? Enquanto você caminha e conhece esse lugar seguro, você escuta alguém se aproximando, há um entusiasmo no ar. Você está a ponto de encontrar alguém especial, uma pessoa muito importante para você. E agora essa pessoa aparece à sua frente e anda em sua direção com muita vontade de rever você também. Enquanto essa pessoa se aproxima, observe. Como ela é? O que você consegue perceber sobre ela? Como é estar com essa pessoa? Observe, como é esse momento? Sinta e observe: como é a energia dessa pessoa? Ela está aqui agora para lhe ajudar a refletir sobre aquela pergunta que você anotou. Por ser uma pessoa importante para você, ela que lhe fará essa pergunta nesse lugar seguro e repleto de confiança. Nesse momento, ela faz a pergunta, e você consegue perceber pela sua expressão e seu tom de voz que ela realmente quer lhe ajudar a refletir. Depois de refletir e responder mentalmente a questão, livre de qualquer julgamento, ela lhe pergunta, qual outra forma de analisar essa questão? Qual a importância dessa questão para você? Como ela se conecta com a sua essência? Como você pode lembrar dessa reflexão? E antes de se despedirem um do outro nesse local seguro, e retornarem para o momento atual, ela lhe faz uma última pergunta: Como você pode fazer para retornar mais vezes para esse ambiente e encontrar com ela? E agora, após se despedirem você começa a retornar para o momento presente.

Após o processo de visualização, pergunto sobre a diferença entre responder a pergunta sem a criação de um contexto e a segunda com contexto do lugar seguro e da pessoa em que confiam. Os resultados sobre o processo reflexivo são incríveis, eles atingem um nível de consciência maior e principalmente ampliam suas perspectivas sobre as respostas à questão que formularam. Esse é o poder do contexto.

Propósito:

"Qual o seu propósito com essa pergunta?"

Num dia que não era um dia qualquer, no ano de 2008, eu estava no escritório da franquia de Brasília de uma das maiores empresas de treinamento do mundo. Como eu estava em processo de formação como *Trainer*, minha tarefa era preparar a abertura de um dos treinamentos mais importantes da empresa, o Treinamento de Competências Interpessoais, e ainda elaborar algumas perguntas para fazer o processamento de uma parte do treinamento.

Depois de inúmeras tentativas na elaboração de uma pergunta, o Diretor da Franquia, que também é *Trainer* do Programa, viu minha angústia e me perguntou como poderia ajudar. Prontamente falei que não estava conseguindo preparar a parte das perguntas. E então, ele fez uma pergunta que me gerou um *insight* incrível: "Qual é o seu propósito com essa pergunta?" Um pouco assustado eu respondi com outra questão: "Como assim?" Então, ele me explicou. Como eu poderia elaborar uma pergunta se eu não tinha clareza sobre o que eu estava buscando com ela?.

Foi assim que surgiu o primeiro P do método - e, ouso dizer, o mais importante. Você provavelmente já escutou a afirmação que ficou famosa na obra "Alice no país das maravilhas", de Lewis

Carroll: "se você não sabe para onde vai, qualquer caminho serve". Parafraseando o gato risonho: "se você não sabe o que quer, qualquer pergunta serve".

Acredito que definir o propósito não se restringe às perguntas. Devemos ter um propósito em tudo: na vida, na carreira ou ao escrever um livro como este. Ele servirá como norte, direcionará nossos esforços e nosso foco. Como afirmou Anthony Robbins, "as perguntas são o laser da percepção humana".

Definir claramente qual o seu propósito com a pergunta aumentará as chances de ela atingir o resultado que você busca. Ainda, será catalisador para estabelecer os próximos elementos nucleares de uma pergunta potencialmente poderosa.

Em alguns casos, utilizamos uma pergunta pronta. Mesmo nessa situação, definir o propósito nos ajudará a decidir se iremos aplicá-la na forma original, se adaptaremos algum dos elementos ou ainda se a descartaremos.

E talvez o benefício mais relevante de possuir clareza quanto ao propósito é que aumentará nossa autoconfiança, pois se sabemos o que queremos, e por algum motivo a pergunta que aplicamos não atinge o resultado esperado, podemos pensar em outra, uma vez que temos a visão do que buscamos. Acontece o mesmo quando estamos viajando para uma determinada cidade. Se por algum motivo a estrada estiver interditada, podemos pegar um caminho alternativo, e ainda assim chegaremos ao nosso destino.

Isso acontece com um avião que em alguns momentos precisa mudar sua altitude para desviar de nuvens carregadas e amenizar uma possível turbulência, mas ainda assim conhece o aeroporto onde fará seu pouso.

Portanto, ao fazermos uma pergunta, é importante saber onde queremos chegar - de outra forma, qualquer pergunta servirá. O propósito pode ser amplo, como ajudar uma pessoa a refletir sobre sua vida, ou específico, como ajudar a pessoa a decidir sobre sua carreira.

Por outro lado, ter um propósito claro não significa que iremos fazer perguntas para que o outro dê a resposta que queremos - até porque, se fosse assim, seria mais fácil dizer para a pessoa o que queremos que ela faça do que perguntar.

Alguns exemplos do que podemos obter com as perguntas:

- Listar estados emocionais;
- Extrair informações;
- Oferecer escolhas ou eliminá-las, dependendo do propósito;
- Direcionar a atenção e, assim, criar a realidade;

- Modelar estratégias;
- Listar recursos;
- Desafiar suposições;
- Orientar no tempo;
- Provocar resultados;
- Associar ou dissociar;
- Oferecer estratégias;
- Construir ou quebrar *rapport*;
- Resumir os fatos;
- Listar valores.

Como em algumas situações podemos não ter tanta clareza daquilo que buscamos, criei dois acrósticos com propósitos comuns empregados em processos de Liderança ou de *Coaching*: DIRECAO e MARRTA

D.I.R.E.C.A.O.
Desafiar: crenças para identificar as que estão limitando a pessoa; pensamentos negativos ou automáticos para torná-los mais conscientes; palavras utilizadas sem o respectivo discernimento do impacto que ela gera; padrões de comportamentos.

Instigar: a busca de alternativas; o aumento da criatividade com a geração de novas ideias; a inovação com a aplicação das ideias; o pensar diferente para mudar o status quo; a busca de perspectivas e olhares mais produtivos; mudanças para ampliar a zona de conforto.

Refletir: sobre padrões de comportamentos seus ou de outras pessoas, e os respetivos impactos em suas metas; sobre pensamentos que possam estar atrapalhando o atingimento de seus objetivos; sobre possíveis consequências da sua forma de agir ou de sua inação; sobre a contribuição para um determinado problema ou conflito.

Empoderar: ao tomar conhecimento de seus pontos fortes; ao resgatar suas realizações para aumentar a autoconfiança.

Clarear: a comunicação ao falar ou escutar; o impacto de seus comportamentos; os valores que norteiam suas decisões pessoais e profissionais; crenças irracionais que podem sabotar seu sucesso; tolerâncias que podem estar gerando irritabilidade.

Agir: elaborar um plano de ação; entrar em ação; identificar o que pode estar impedindo de agir.

Organizar: ideias para aumentar a criatividade; pensamentos para tornar sua comunicação mais lógica, clara e persuasiva.

M.A.R.R.T.A.

Mudar: a forma atual de pensar, de agir, ou de comunicar.

Ampliar: a perspectiva sobre questões relevantes; a geração de soluções; a busca por novas alternativas; os limites atuais sobre como vê a si, os outros e o mundo; a consciência sobre crenças potencializadoras; a aplicação dos pontos fortes, talentos, capacidades, conhecimentos e habilidades.

Reduzir: a geração e reincidência de problemas; as reações comportamentais ou emocionais improdutivas; as crenças limitantes, substituindo por crenças empoderadoras.

Refletir: sobre padrões de comportamentos e pensamentos; sobre consequências de uma decisão; sobre a sua contribuição para uma determinada situação; sobre uma possível aprendizagem diante de um desafio enfrentado.

Tomar consciência: da sua comunicação e de como ela impacta outras pessoas; de possíveis crenças irracionais; de comportamentos automáticos; de vícios de linguagem; do impacto de suas ações ou inações; das desculpas e justificativas que têm utilizado mais frequentemente.

Agir: elaborar um plano de ação; entrar em ação; identificar o que pode estar impedindo de agir.

Para exercitar sua habilidade de fazer perguntas com um determinado propósito, primeiro escreva algumas perguntas e depois procure identificar quais propósitos essas perguntar poderiam atingir.

Escreva a pergunta:
___
___
___

Qual o seu propósito com essa pergunta?
___
___
___

Escreva a pergunta:
___
___
___

Qual o seu propósito com essa pergunta?
___
___
___

Pureza:

Na metade do século XIX, os Estados Unidos viveram um processo de redistribuição territorial e ocupação dos estados menos desenvolvidos. Essa espécie de "reforma agrária" teve como estopim a descoberta de metal perto do Rio Sacramento, e fez com que centenas de milhares de pessoas migrassem para o local hoje conhecido como Califórnia. Foi a chamada "Corrida do Ouro".

O ouro é um metal precioso com uma característica inusitada: quanto mais puro, mais "maleável" ele é. Por isso, era comum morder as moedas de ouro para verificar seu valor e sua veracidade. Quanto mais fácil ficasse uma marca de dente no metal, maior a pureza daquela moeda de ouro. Quanto mais rígida fosse a peça, maior a mistura com outros metais menos preciosos - portanto, menor seu valor e sua pureza.

Da mesma forma que o ouro é mais precioso em seu estado mais puro, uma pergunta torna-se mais valiosa quanto maior for a pureza da sua intenção e a sinceridade da sua concepção. Isso significa suspender o ponto de vista pessoal do perguntador. Do contrário, podemos fazer perguntas não para atingir um propósito, mas para chegar na resposta que julgamos mais adequada.

Peço perdão aos amigos psicólogos, mas vou exemplificar com uma piada: Um paciente entrou em um consultório e deitou-se no divã. O psicólogo olhou para ele e perguntou: "você sonhou com um peixe?" O paciente estranhou a pergunta, mas refletiu por alguns segundos sobre o questionamento do seu terapeuta. "Não", respondeu por fim. O psicólogo insistiu: "então, sobre o que você sonhou?" Incomodado, o paciente buscou lembranças sobre o sonho da noite anterior. "Eu estava no trabalho, com meu chefe gritando com uma colega ao meu lado, e de repente o escritório foi invadido por uma horda de alienígenas-zumbis." Sem encontrar a resposta que buscava, o especialista pergunta: "no seu escritório tem água?" Titubeando um pouco, o paciente respondeu: "Acredito que sim." O psicólogo faz uma nova pergunta: "e onde os peixes vivem?" Mesmo sem entender a relação dessa pergunta com seu sonho, o paciente responde, já um pouco irritado: "na água." O terapeuta, então, solta um grito de comemoração: "Há! Eu sabia que você tinha sonhado com um peixe."

Não sei se você riu da piada, e espero que não fique chateado comigo caso seja um psicólogo. Algumas vezes, algumas pessoas, independentemente da profissão, fazem uma pergunta buscando comprovar suas convicções ou teorias, e enquanto a pessoa não responde o que ela quer ouvir, continua a questionar, induzindo-a a chegar no ponto que gostaria que chegasse. Esse é um exemplo da ausência da pureza da pergunta e na pergunta.

Preâmbulo:

Imagine que alguém lhe convidou para assistir um filme. Essa pessoa não teve tempo de dizer qual era, mas garantiu que seria maravilhoso. Vocês combinaram de se encontrar na frente do cinema. Você chegou no horário, mas ela acabou se atrasando por causa do trânsito, chegou correndo e disse que vocês teriam que entrar logo - o filme já estava começando. Enquanto se sentavam, você até tentou perguntar sobre o que era o longa-metragem, mas outro espectador, no banco de trás, pediu silêncio com um gesto. Qual a sensação ao assistir as cenas iniciais do filme? A sinopse seria suficiente para mudar esse sentimento.

Ao fazer certas perguntas, para evitar que a pessoa se sinta perdida ou confusa com o questionamento, é necessário criar também uma espécie de sinopse contextualizando a pergunta - ou melhor, um preâmbulo.

Para que algumas perguntas possam atingir seu propósito, pode ser necessário fazer um breve comentário antes, ou seja, uma rápida introdução ou contextualização. O importante é que o preâmbulo que antecede a pergunta seja específico e objetivo. Normalmente o preâmbulo de uma pergunta será a criação de um cenário imaginário, que a pessoa é convidada a visualizar, e então responder a pergunta dentro daquele contexto.

Alguns exemplos:

- Você está almoçando com três pessoas que respeita e admira. Todos começam a criticar um amigo íntimo seu não sabendo que é seu amigo. A crítica é de mau gosto e injustificada. O que você faz?

- Se tudo funcionasse perfeitamente em sua vida, o que você estaria fazendo daqui a dez anos?

- Se você pudesse oferecer a um recém-nascido só um conselho, qual seria?

- Se você soubesse que todos que você conhece morreriam amanhã, quem você visitaria hoje?

- Se você tivesse certeza de que não seria julgado, o que você faria de forma diferente?

- Daqui a 10 anos, ao olhar para trás, o que vai dizer desta situação?

- Se você tivesse uma varinha mágica, como resolveria o problema a seu gosto?

- Imagine-se tendo um diálogo com a pessoa mais inteligente que você conhece ou de que se lembra. O que ele ou ela lhe diria para fazer?

Agora é sua vez. Crie algumas perguntas e insira um preâmbulo para contextualizá-las:

Preâmbulo: _____

Pergunta: _____
_____

Preâmbulo: _____

Pergunta: _____
_____

Preâmbulo: _____

Pergunta: _____
_____

Preâmbulo: _____

Pergunta: _____
_____

Preâmbulo: _____

Pergunta: _____
_____

Perspectivas:

Palíndromo.

O nome é esquisito, mas é provável que você já tenha visto exemplos de palíndromos centenas de vezes. Talvez, até tenha um desses no seu nome. Vamos usar como exemplo o dia 20 de fevereiro de 2002. Às 20h02min deste dia, por apenas um minuto, houve algo que ocorre apenas duas vezes por milênio.

Eram 20h02min do dia 20/02 de 2002 - ou 200220022002, um número que tem a mesma leitura independente se você está lendo da esquerda para a direita ou da direita para a esquerda. Isso é um palíndromo.

Parece confuso? Vamos simplificar: pense, por exemplo, no nome "Ana". Agora ficou mais fácil, não é? Em um palíndromo, não importa a perspectiva, o resultado é o mesmo. Mas isso é exceção. Na maior parte dos casos, a perspectiva afeta a percepção. Se observarmos o número "9" de duas perspectivas diferentes, veremos que numa delas ele será o "9" mesmo, mas na outra será o número "6". Isso também acontece com a letra "q", que em outra perspectiva poderá ser percebida com um "b".

A perspectiva, ou ponto de vista, é a visão a partir de um determinado ponto. Duas pessoas, ao analisarem o mesmo objeto, poderão defender opiniões completamente diferentes e ainda assim ambas estarão certas, justamente pela perspectiva que fundamenta as interpretações e consequentes opiniões.

Ela restringe o foco de um determinado propósito. Por exemplo, se temos o propósito de ajudar uma pessoa a lidar melhor com suas finanças pessoais, podemos elaborar perguntas que foquem apenas nos gastos, ou por outro lado, focar em como ampliar suas receitas. Para o mesmo propósito podemos ter perspectivas diferentes.

Observando por outro ponto de vista, podemos dizer que a perspectiva é a lente que expande e destaca um determinado ponto de nosso objetivo. Funciona como um microscópio na busca de detalhes específicos que serão ampliados.

Analise as duas primeiras perguntas e suas respectivas perspectivas:

1. Qual é a pior coisa que poderia acontecer se você fizesse isso?
Essa pergunta leva a pessoa a avaliar uma perspectiva de possíveis consequências negativas se fizer determinada ação.

2. Qual é a melhor coisa que poderia acontecer se você fizesse isso?
Essa pergunta leva a pessoa a avaliar uma perspectiva de possíveis consequências positivas se fizer determinada ação.

Agora observe as duas próximas perguntas em contraste com as duas anteriores.

1. Qual é a pior coisa que poderia acontecer se você não fizesse isso?
2. Qual é a melhor coisa que poderia acontecer se você não fizesse isso?

Ao observarmos o conjunto das duas primeiras perguntas em comparação com as duas últimas, podemos perceber que a perspectiva adotada nas primeiras foi no "fazer", enquanto as duas seguintes focaram no "não fazer".

Portanto, o foco e a atenção provocados por uma pergunta serão direcionados pela perspectiva que ela adota. Podemos analisar um problema enquadrando a partir do problema, a partir da causa ou a partir da solução, etc.

Vamos supor que convocamos um grupo de colaboradores para uma determinada reunião em sua empresa. Passados 20 minutos, somente a metade chegou. Como este comportamento se repetiu em outras oportunidades, acreditamos que é oportuno utilizar esta situação para questionar os colaboradores em busca de uma solução para o futuro.

Formule perguntas para cada uma das perspectivas sugeridas a seguir:

a) Perspectiva a partir do problema:
_____
_____
_____

b) Perspectiva a partir do objetivo:
_____
_____
_____

c) Perspectiva a partir das causas do comportamento:
_____
_____
_____

d) Perspectiva a partir de um questionamento ético:
_____
_____
_____

Pronomes interrogativos:

São as palavras utilizadas, normalmente, para iniciar uma pergunta. Algumas são mais eficazes do que outras, dependendo do propósito da pergunta. Ex: O que, Como, Qual, Quando, Quem, Quanto, Onde e Por que.

O que

Quando comecei a ministrar o treinamento de Competências Interpessoais, fizemos uma atividade no primeiro dia do treinamento para identificar o que cada participante buscava com aquela capacitação. Eles escreveram as metas comportamentais que queriam alcançar, e pedi que alguns compartilhassem com o grupo. Um dos participantes, o Alexandre Michel (que depois se tornou um grande amigo), disse: "eu quero ser mais assertivo." Como eu não sabia o que era ser "assertivo", apenas agradeci a participação dele. Cheguei em casa naquela noite, fui pesquisar e percebi que a palavra vem de "assero", e significa "afirmar seu ponto de vista sem desrespeitar o outro". No entanto, também pode ser usada como uma derivação de "acertar" - mesmo que não exista no dicionário "acertividade" com a letra "c". No encontro seguinte, utilizei o pronome "O que" para buscar entender qual o sentido que o Alexandre queria dar para "assertividade". E isso foi extremamente importante, pois a conotação que ele queria - ou seja, a sua meta de comportamento - era de "fazer certo suas atividades e entregar resultados."

Podemos utilizar esse pronome quando queremos buscar informações ou para listar resultados. Também poder ser útil, como na história que contei, quando alguém usa uma palavra com a qual você nunca teve contato. Nesse caso, empregaremos o pronome "O que" para gerar clareza.

A) O que é _____ especificamente?
B) O que você (pessoa) faz (fez) que chama de _____
_____?
C) O que você pode fazer para obter um resultado mais produtivo? _____

Quem

Após ministrar um treinamento de liderança para um órgão público federal, fiz algumas reuniões de coaching individual com os participantes, para potencializar o processo de aprendizado. Durante uma dessas reuniões, um dos líderes me relatou sua dificuldade em delegar. Segundo ele, os membros da sua equipe não estavam cumprindo as tarefas que ele havia pedido. Primeiro, esclarecemos as diferenças entre um pedido, uma ordem e a delegação. Em seguida, pedi para ele me relatar como era a reunião de delegação. Ele disse, então: "Eu explico a atividade e falo para a pessoa que é importante nós fazermos essa atividade...". Neste momento o interrompi e perguntei: "'nós' quem que irá fazer a atividade?" Mesmo assustado com a interrupção e com a pergunta, ele disse que quem tinha que fazer era o membro de sua equipe. Perguntei: "mas ao colocar a expressão "nós", você acredita que ficou claro para a pessoa que a responsabilidade era dela?". "Talvez não", ele me respondeu.

Usamos o pronome "Quem" quando queremos identificar as pessoas envolvidas numa determinada situação ou para definir responsabilidades, como no exemplo que mencionei.

A) Quem especificamente disse isso?
B) Quando você fala "nós", você está se referindo a quem especificamente?

Onde

Tenho dois clientes que atuam no ramo de distribuição de produtos médico-hospitalar. Como em Brasília temos hospitais com nomes parecidos - mas que ficam em locais complementamente opostos -, ter clareza de "Onde" exatamente irá ocorrer a cirurgia para efetuar a entrega dos materiais no tempo adequado é fundamental. Um dos clientes utiliza inclusive um aplicativo para ver a localização em tempo real da equipe de logística e checar se a entrega está "Onde" deveria estar.

O pronome Onde busca informações sobre locais.

A) Onde exatamente?

Quando

Antes de me tornar *Trainer* e *Coach*, eu atuava como gestor na área de tecnologia. Eu e minha equipe prometemos a entrega de uma atualização para um cliente, apenas informando que ficaria pronta na semana seguinte. Na segunda-feria pela manhã, o cliente me ligou cobrando a entrega. Na minha cabeça, a minha promessa se referia a sexta-feira - ao final da semana, e não ao início dela. Ao não especificar "Quando" exatamente seria a entrega, gerei uma insatisfação no cliente e tive que repactuar o prazo de entrega.

Alguns anos depois, quando fiz minha primeira formação em *Coaching*, um dos pontos que foi muito ressaltado foi a definição do "Quando" no plano de ação. A dica foi perguntar "Quando" até o *coachee* definir o dia e a hora específicas em que colocará em prática o plano de ação, e ainda, quando especificamente ele comunicaria ao *Coach* que fez o que se comprometeu a fazer. Essa pergunta ajuda a aumentar o comprometimento da pessoa e, consequentemente, as chances de ela realizar o que prometeu.

Portanto, o pronome "Quando" busca informações limitadas pelo tempo - passado, presente e futuro - e gera gatilhos ou pistas de ação.

A) Quando exatamente?

Qual

Fazer uma escolha é um ato de decisão, e o pronome "Qual" tem como objetivo orientar essas escolhas - mesmo que elas sejam amargas.

Mas no caso dos psicólogos sociais Sheena Iyengar e Mark Lepper, essas escolhas podem ser doces e fartas. Eles realizaram um experimento em um mercado: montaram um estande e exibiram uma variedade enorme de geleias. Durante metade do tempo, havia apenas 6 potes de geleia à mesa; na outra metade, 24 potes.

O período no qual 24 sabores estavam em exibição atraiu muito mais gente do que o anterior, mas o número de pessoas que, de fato, comprou um pote de geleia foi 10 vezes maior quando havia apenas 6 sabores na mesa. A conclusão foi que a quantidade de opções irá influenciar diretamente nas decisões que as pessoas irão ou não tomar.

Em outro estudo, os psicólogos Jonathan Levav, da Columbia University, e Shai Danziger, da Ben-Gurion University, analisaram se o período do dia tinha impacto nas decisões tomadas por juízes ao proferirem uma sentença. A partir de casos semelhantes, os pesquisadores identificaram que o horário e o nível de glicose no organismo dos juízes impactava diretamente na benevolência ou não de suas decisões.

No período da manhã, quando realizadas logo após um lanche, como o nível de glicose estava mais alto, os juízes eram mais benevolentes nas decisões para concessão de liberdade condicional. Já no final do dia, eram mais rigorosos e negavam mais pedidos, pois seu nível de glicose já estava mais baixo - assim como sua capacidade de fazer análises mais detalhadas. Com a glicose baixa, a tendência era optar pela decisão com menos riscos.

Portanto, o pronome "Qual" irá orientar as escolhas, e será importante levar em conta a quantidade de opções, bem como o momento em que o empregará.

A) Qual a melhor forma?
B) Quais alternativas?

Como

Taiichi Ono desenvolveu uma ferramenta usada principalmente na área de qualidade para ajudar a encontrar a causa raiz de um problema. Ela é chamada de "os 5 porquês". A técnica parte da premissa de que, após perguntar 5 vezes "por que" um problema está acontecendo, com a nova pergunta sempre remetendo à causa anterior, será possível determinar a causa raiz de um problema.

Da mesma forma que a técnica dos 5 porquês, ao fazer a pergunta "Como" sempre relacionando ao que foi dito anteriormente, você ajudará a pessoa a especificar o processo ou o passo a passo que ela seguiu ou poderá seguir.

Portanto, o pronome "Como" explica e modela o processo, lista estratégias, pede qualidade. É muito útil para chegar a informações de alta qualidade muito rapidamente. Também é útil para definir um plano de ação com passos específicos, pois está sempre conectado com verbos - palavras do "fazer".

A) Como você aprende?
B) Como você vai fazer? Como? Como? Como? Como?

Quanto (pede quantidade)

Em 2010 visitei os Estados Unidos pela primeira vez. Como tenho um domínio, digamos, rudimentar da língua inglesa, uma das poucas expressões que eu sabia pronunciar era "how much?" - ou seja, "quanto custa?" No entanto, essa não é a única aplicação do pronome "Quanto". Quando li o livro Influencie, de Michael Pantalon, conheci o poder de empregar o pronome "Quanto" para ajudar a pessoa a tomar consciência dos recursos que possui. Uma das perguntas que ele utiliza é: "O quanto você está disposto a mudar (numa escala de 1 a 10, em que 1 significa 'nem um pingo de disposição' e 10 'totalmente disposto')?". Numa pergunta como essa, o importante não é a quantidade em si, mas sim o processo de pensar sobre o motivo que o levou a chegar no número que disse.

Portanto, o pronome "Quanto", adiciona clareza e aumenta a consciência quando o assunto em discussão é quantidade, tamanho ou escala.

A) Quanto custa?
B) Quão preparado, numa escala de 1 a 10?

Por que

Por que alguns autores não recomendam a utilização dos porquês?

Acredito que os dois principais motivos são:

1. As perguntas com porquês suscitam desculpas.
2. As perguntas com porquês são acusatórias.

Vamos analisar o primeiro argumento. Uma das consequências possíveis do uso deste pronome pode ser respostas apresentadas em forma de desculpas ou justificativas. Por outro lado, será que não podem desvendar os motivos que levaram uma pessoa a agir de tal forma? Acredito que, em algumas situações, entender a verdadeira motivação pode ser fundamental para gerar uma mudança.

Sabemos que todo comportamento é mantido por algum motivo, e entendê-lo pode ser crucial. São todos exemplos de uma perspectiva voltada para o passado. E se for este o propósito, então por que não usar os porquês?

Agora tenho mais uma pergunta: Por que você poderia querer utilizar os porquês? Para ampliar suas possibilidades como "perguntador", ou talvez para desvendar motivos causadores de determinados comportamentos - ou ainda, motivadores para uma mudança comportamental futura.

No livro Influencie o autor escreveu: "O que aprendi com meu trabalho é que 'por que' pode ser a pergunta mais poderosa da terra." Concordo com o autor quando o propósito é justamente a busca dos motivadores comportamentais.

Ainda, como citado no tópico sobre o pronome "Como", podemos usar os porquês para identificar a causa raiz de um problema. A técnica dos "5 porquês" foi desenvolvida por Taiichi Ono, pai do Sistema de Produção Toyota, criado no movimento da Qualidade Total. Também podemos aplicar o "Por que" com o propósito de identificarmos os verdadeiros valores de uma pessoa ou organização.

Podemos também fazer perguntas utilizando outro pronome interrogativo e ainda assim levar a desculpas: "O que te levou a chegar atrasado?", ou "Quais motivos te fizeram chegar atrasado?". São equivalentes a "Por que você chegou atrasado?" Portanto, é a perspectiva que enquadramos a questão que leva à justificativa e não o mero pronome utilizado.

Quanto ao segundo motivo alegado, penso que o equívoco é ainda mais evidente. O que pode gerar uma interpretação ou impacto de acusação está presente, principalmente, no denominado não-verbal: tom de voz e expressão facial e corporal.

A ênfase numa determinada palavra de uma pergunta ou afirmação pode mudar completamente o sentido. Vamos analisar a seguinte pergunta: Quem roubou o dinheiro?

- QUEM roubou o dinheiro? A ênfase está na pessoa. Pode ter sido eu, você ou outra pessoa.
- Quem ROUBOU o dinheiro? A ênfase está no roubo. Pode ter sido um roubo, um furto, um empréstimo, etc.
- Quem roubou o DINHEIRO? A ênfase está no dinheiro. Foi o dinheiro que foi roubado ou foi outra coisa?

Portanto, o problema não está nos "porquês", mas na forma como utilizamos qualquer pronome interrogativo.

E então, por que você poderia querer utilizar os porquês?

A) Por que chegou atrasado? (justificativa ou desculpa)
B) Por que isso tem valor para você? (buscar a causa do que a pessoa realmente valoriza)
C) Por que perdemos o cliente? (buscar a causa raiz da saída do cliente)

Palavras estratégicas:

Na década de 1990, o meu pai era motorista de ônibus. Certa vez, ele foi nos visitar e convidou o meu filho, Renan, para conhecer o ônibus por dentro. Eles deram uma volta na quadra, circularam pelo corredor para garantir que não havia ficado nenhum objeto no porta-bagagem e ao final do curto passeio, para saírem do ônibus, o meu pai disse ao neto que fariam uma aventura: ele acionaria o botão para fechar a porta e eles teriam que correr e pular antes que a porta fechasse.

Sei que você está lendo sobre isso pela primeira vez, mas para mim essa história já foi contada algumas dezenas de vezes. Notei que sempre que meu filho vai junto comigo visitar meu pai, ele conta a história da aventura que fez com o neto. Quando o Renan não ia junto, porém, a história não aparecia. E aí veio a ideia: como gosto de fazer alguns experimentos, resolvi testar se seria possível fazê-lo contar mesmo quando o meu filho não estivesse - e depois de algumas tentativas, o experimento funcionou!

Comecei a empregar determinadas palavras-chave durante a conversa - palavras que fossem capazes de remeter a nossa conversa às lembranças que meu pai tem daquele dia de aventuras. Esse fenômeno foi chamado pelo psicólogo Daniel Kahneman, prêmio Nobel de economia, de *priming*. As palavras evocam lembranças, que sua vez evocam expressões faciais e outras reações.

Portanto, as expressões que empregamos em uma determinada pergunta podem despertar reações. Por exemplo, a expressão "culpado", pode gerar uma reação de resistência e defesa, ao passo que a expressão "contribuição" culminará em uma análise com menos resistência e com o foco em ações. Assim, existem algumas expressões, denominadas de estratégicas, que ajudam a formular perguntas poderosas, com pressuposição e perspectiva mais produtivos.

Vamos analisar essas duas perguntas:
1. Quando você obtiver essa meta, o que ela proporcionará para você?
2. Quando você obtiver essa meta, o que ela significará para você?

A primeira pergunta pressupõe que o cliente obterá a meta, e foca o cliente que reside atrás dela. Já a segunda pergunta pressupõe que o cliente obterá a meta, mas é muito menos precisa, pois a resposta poderia ser uma mistura de valores, crenças, experiências passadas, associações e muitos outros resultados. Por isso a importância de um propósito claro e de empregar as palavras de forma estratégica, para que possam ajudar a atingir o propósito.

Alguns exemplos de expressões estratégicas:

Perspectiva	Ponto de vista, Prisma, Realidade, Significados, Interpretações, Hipóteses, Suposições, Inferências, Intenções, Fatos, Evidências, Enquadramento, Provas, Sistêmico, Amplo, Contraste
Alternativa	Possibilidades, Formas, Maneiras, Oportunidades, Opções, Escolhas, Recursos, Mudanças, Decisões, Diferença, Resposta, Critérios, Variações, Experiências, Flexibilidade, Preferências
Resultado	Objetivo, Metas, Propósito, Progresso, Prazo, Plano, Indicadores, Realizações, Prioridades, Direção, Satisfação
Contribuição	Responsabilidade, Participação, Justificativas, Desculpas, Culpa, Compromisso
Impedimento	Barreiras, Limites, Obstáculos, Inibição, Recursos, Armadilhas, Resistência, Tolerâncias, Probabilidades
Aprendizado	Ganhos, Benefícios, Oportunidades, Experiência, Compreensão
Impacto	Reação, Intenção, Palavras, Pensamentos, Comportamentos, Expressão, Gestos, Postura, Linguagem corporal, Resposta, Intensidade, Avaliação, Congruência
Situação	Problema, Causa, Consequências, Solução, Funcionamento, Desafio, Decisão, Clareza, Circunstâncias, Necessidades, Controle, Certeza, Ambiente, Cenário, Lugar, Fatos

Vamos experimentar algumas palavras estratégicas. Edite as perguntas abaixo substituindo por palavras que você considera mais estratégicas para ajudar a atingir o propósito que você quer, e avalie qual possível resultado essa edição pode gerar.

Que coisas estão atrapalhando você de ser melhor?
Pergunta editada:

_____
_____

Que tipo de ajuda você precisa para chegar onde você quer?
Pergunta editada:

_____
_____

Quais são suas falhas?
Pergunta editada:

_____
_____

Quais são os problemas que você está passando?
Pergunta editada:
_____
_____

Que coisas te fazem feliz no trabalho?
Pergunta editada:
_____
_____

Qual sua opinião sobre as pessoas ?
Pergunta editada:
_____
_____

Qual sua culpa em relação ao que aconteceu?
Pergunta editada:
_____
_____

Pressupostos:

Eu estava moderando um grupo no Facebook, e num dado momento um dos integrantes se sentiu ofendido com uma das publicações e manifestou seu descontentamento. Como a interação pendeu para um rumo que não seria interessante para o grupo - entrou no viés político-partidário -, resolvi conversar com os envolvidos por mensagem privada. Com a intenção verdadeira de minimizar a discussão, enviei a seguinte mensagem para a pessoa que tinha se ofendido: "Como posso te ajudar?" Para minha surpresa, a resposta direta e instantânea foi: "Eu não preciso de ajuda". Confesso que não foi agradável ler aquela resposta, mas logo em seguida me dei conta do pressuposto que minha pergunta tinha (de que a pessoa estava com um problema e precisava ser ajudada). Se tivesse percebido antes, provavelmente teria feito primeiro uma pergunta diferente, com um pressuposto mais adequado para o momento, que talvez tivesse mais chances de ser atendido.

Todas as perguntas possuem uma pressuposição. Para que a pessoa possa aceitar sua pergunta, ela precisará primeiro aceitar a pressuposição implícita ou explícita no questionamento. No exemplo que citei, o pressuposto que empreguei (inconscientemente) na pergunta foi que "a outra pessoa precisava de ajuda", e como o pressuposto não foi satisfeito, a pergunta não atingiu o seu propósito. Se eu tivesse feito uma pergunta com um pressuposto diferente, talvez ela tivesse alcançado seu objetivo. Hoje eu faria a seguinte pergunta: "Percebi que você ficou incomodado com a publicação. Pode me ajudar a entender o que aconteceu?".

Tomar consciência dos pressupostos que farão parte da pergunta é fundamental para aumentar as chances de ela atingir seu propósito. Podemos, inclusive, selecionar palavras estratégicas que nos ajudem a construir pressupostos mais adequados e produtivos. Ao invés de fazer uma pergunta baseada na culpa, podemos, de forma estratégica, focar nas contribuições, por exemplo: Trocar "Qual a sua culpa?" por "Qual a sua contribuição". Como vimos, com base no efeito *priming*, as palavras despertam sensações, e a palavra "culpa" nos remete a sentimentos e experiências passadas não muito agradáveis. Já a palavra "contribuição" possui uma conotação mais positiva e produtiva, pois está relacionada a ação e comportamento. Portanto, apresenta uma perspectiva focada em algo que podemos mudar.

Vamos praticar?
(Qual o pressuposto dessa pergunta?)

Qual aprendizado você já teve com a leitura do livro?
Pressupostos: que leu o livro e que teve algum aprendizado.

Quais mudanças você quer implementar em sua vida?
Pressupostos: _____
_____

O que está impedindo você de ser a pessoa que você poder ser?
Pressupostos: _____
_____

Quais são suas principais qualidades como empreendedor(a)?
Pressupostos: _____
_____

Como você pode ajudar seu país a se tornar um lugar melhor?
Pressupostos: _____
_____

O que você pode fazer diferente para obter resultados ainda melhores?
Pressupostos: _____
_____

Pressupostos estratégicos:

Vamos analisar os pressupostos por outra perspectiva agora. Podemos escolher conscientemente os pressupostos que farão parte da pergunta, de uma forma estratégica, ao escolher palavras que tenham aquilo que desejamos que a pessoa perceba. Essa estratégia pode aumentar o poder e a eficácia de uma pergunta.

Naquela primeira pergunta que usei ao exemplificar pressupostos, a palavra estratégica é "aprendizado". Ao empregá-la conscientemente numa pergunta, estamos utilizando um pressuposto estratégico - ou seja, poderemos ajudar a pessoa a perceber que ela pode aprender algo com a leitura do livro.

Qual aprendizado você já teve com a leitura do livro?
Pressupostos estratégicos: você pode aprender .

Vamos analisar outro exemplo:
Como você pode lidar com esse problema?
Pressuposto estratégico: você pode lidar com o problema.

Agora é a sua vez. Elabore algumas perguntas inserindo pressupostos estratégicos, e depois descreva abaixo qual foi o pressuposto estratégico:

Pergunta 1: _____
_____

Pressuposto estratégico: _____
_____

Pergunta 2: _____
_____

Pressuposto estratégico: _____
_____

Pergunta 3: _____
_____

Pressuposto estratégico: _____
_____

Ativador de perguntas
Question activator

Em 2013 fui convidado para uma degustação do *Coaching Game*, que seria conduzida pela Hellen Macedo, no Sebrae-DF. Como eu já atuava com *coaching*, fiquei muito curioso e empolgado, pois o nome realmente despertou em mim muitas conexões. Posso dizer que fiquei encantado com a ferramenta e a metodologia, que tinha como um dos fundamentos fazer perguntas para analisarmos uma carta com uma imagem e uma palavra, e assim gerar reflexões e ampliar perspectivas.

Percebi que cada imagem poderia ser analisada de diversas perspectivas, por pessoas diferentes, ou pela mesma pessoa em situações diferentes. Foi então que tive um *insight*. Se era possível elaborar perguntas para analisar uma imagem, porque não fazer o processo inverso: a partir de uma imagem (ou de um objeto), analisar suas características e aplicações ou funções, e usar esses elementos para compor uma pergunta. E foi assim que surgiu o método Ativador de perguntas.

O Ativador de perguntas é um método para auxiliar na

elaboração de perguntas. Ele pode ser concreto ou abstrato. O Ativador de perguntas concreto utiliza as características ou funcionalidades de um objeto para gerar palavras estratégicas que poderão ser usadas na elaboração da pergunta, levando em conta outros elementos dos 7Ps. O Ativador de perguntas também poderá ser abstrato ao utilizar expressões ou nomes que não remetem a um objeto concreto, mas que ainda assim possuam como características intrínsecas palavras estratégicas.

Quando eu ensino esse método em algum *workshop*, faço uma promessa aos participantes e quero fazer essa promessa para você também: ao aplicar esse método, nunca mais você ficará sem saber o que perguntar.

Ativador de perguntas

Objeto: Avião
Elementos (características e/ou funcionalidades): asas, turbinas, voar, decolar, pousar, tripulação, turbulência, piloto, rota.
Exemplos de perguntas baseadas em características e/ou funcionalidades:
- Como você está pilotando sua vida?

- Que tipo de *feedback* está recebendo para corrigir sua rota?
- Com que frequência você checa seu sistema de orientação?
- Como saberia se estivesse na rota certa?
- Como pode minimizar as turbulências que alteram seu caminho?

Objeto: Bagagem de mão
Elementos (características e/ou funcionalidades): peso, cheia, vazia, carregar, deixar, guardar.

Quais outras características e/ou funcionalidades esse objeto possui?
_____
_____

Crie algumas perguntas baseadas em características e/ou funcionalidades:
_____
_____
_____
_____

Objeto: Capa de Revista
Elementos (características e/ou funcionalidades): revista, artigo, manchete
Quais outras características e/ou funcionalidades esse objeto possui?
_____
_____

Crie algumas perguntas baseadas em características e/ou funcionalidades:
_____
_____
_____
_____

Objeto: Dinheiro
Elementos (características e/ou funcionalidades): comprar, economizar, pagar
Quais outras características e/ou funcionalidades esse objeto possui?
_____
_____

Crie algumas perguntas baseadas em características e/ou funcionalidades:
_____

___

___

___

Objeto: Espelho
Elementos (características e/ou funcionalidades): refletir, imagem
Quais outras características e/ou funcionalidades esse objeto possui?

___

___

Crie algumas perguntas baseadas em características e/ou funcionalidades:

___

___

___

___

Objeto: Porta
Elementos (características e/ou funcionalidades): sair, entrar, abrir, fechar, chave
Quais outras características e/ou funcionalidades esse objeto possui?

___

___

Crie algumas perguntas baseadas em características e/ou funcionalidades:

_____
_____
_____
_____

Objeto: Sofá
Elementos (características e/ou funcionalidades): descanso, acomodação
Quais outras características e/ou funcionalidades esse objeto possui?

_____
_____

Crie algumas perguntas baseadas em características e/ou funcionalidades:

_____
_____
_____
_____

Objeto: Telefone
Elementos (características e/ou funcionalidades): ligar, desligar

Quais outras características e/ou funcionalidades esse objeto possui?
_____
_____

Crie algumas perguntas baseadas em características e/ou funcionalidades:
_____
_____
_____
_____

Objeto: Televisão
Elementos (características e/ou funcionalidades): imagem, canal, horário nobre
Quais outras características e/ou funcionalidades esse objeto possui?
_____
_____

Crie algumas perguntas baseadas em características e/ou funcionalidades:
_____
_____
_____
_____

Objeto: Veículo
Elementos (características e/ou funcionalidades): direção, marcha, acelerador, retrovisor
Quais outras características e/ou funcionalidades esse objeto possui?
_____
_____

Crie algumas perguntas baseadas em características e/ou funcionalidades:
_____
_____
_____
_____

Agora, pense em outros objetos, liste as características e/ou funcionalidades e em seguida elabore algumas perguntas:

Objeto: _____
Quais características e/ou funcionalidades esse objeto possui?
_____
_____

Crie algumas perguntas baseadas em características e/ou funcionalidades:

_____
_____
_____
_____

Objeto: _____
Quais características e/ou funcionalidades esse objeto possui?
_____
_____

Crie algumas perguntas baseadas em características e/ou funcionalidades:
_____
_____
_____
_____

Objeto: _____
Quais características e/ou funcionalidades esse objeto possui?
_____
_____

Crie algumas perguntas baseadas em características e/ou funcionalidades:

Objeto: _____
Quais características e/ou funcionalidades esse objeto possui?

Crie algumas perguntas baseadas em características e/ou funcionalidades:

Perguntas que facilitam

Em 2017, lancei a primeira formação da Academia do Trainer, o Programa de Facilitação e Aprendizagem em Treinamentos Organizacionais (FATO), uma formação para *trainers* e facilitadores de processos de aprendizagem. Logo depois, percebi a necessidade de ampliar, para os facilitadores, a prática da habilidade de fazer perguntas - afinal, essa é a principal ferramenta de facilitação. Então, criei o *Workshop* Perguntas que facilitam, com o propósito de aumentar a capacidade dos facilitadores de empregarem perguntas em seus processos de aprendizagens. Inclusive, criamos um jogo de tabuleiro que permite aos participantes fixarem quais perguntas são mais adequadas para os diversos momentos de um treinamento, *workshop*, oficina ou curso.

Destaquei alguns momentos-chave de um processo de aprendizagem, e a minha recomendação das perguntas mais adequadas para cada um deles.

Abertura

O propósito da abertura é captar a atenção das pessoas. Cumprimentar, agradecer ou qualquer outra reverência é importante, mas não é abertura - são cordialidades que podem ajudar a gerar sintonia com as pessoas. Portanto, além de se apresentar ou cumprimentar, precisamos captar a atenção para colocar o público em "modo de escuta". Perguntas que incitem a curiosidade, que despertem nossos desejos e interesses são ótimas para captar nossa atenção. Elas podem ser abertas ou fechadas.

Por outro lado, devemos evitar perguntas que coloquem os participantes num estado introspectivo, que os façam refletir em profundidade - se isto acontecer, perderemos a atenção do público, uma vez que ela estará voltada para si.

Particularmente, eu recomendo a utilização de perguntas fechadas e que se iniciem com o pronome interrogativo "Quem". Também pode ser útil personalizar sua pergunta, ao iniciar no singular com a palavra "Você", pois ela tende a captar a atenção das pessoas.

No livro "A arte de falar em público", o autor recomenda as perguntas retóricas para fazer a abertura. Penso um pouco diferente: se o propósito de uma abertura é captar a atenção, uma pergunta retórica pode levar a pessoa a um processo mental reflexivo - ela estará imersa em seus próprios pensamentos ao invés de ficar com a atenção focada em você. Ao perguntar, por exemplo, "como vocês reagiriam se um ente querido fosse vítima de terrorismo?", você estará fazendo uma pergunta retórica que pode gerar introspecção ao invés de conquistar sua atenção.

Portanto, na abertura podemos empregar perguntas que despertem necessidade ou interesse, ou ainda que gerem curiosidade.

Exemplos de perguntas fechadas baseadas em necessidade ou interesse:
• Quem gostaria de saber como construir um espaço sagrado?
• Quem gostaria de saber o que acontece em nosso cérebro quando prestamos atenção?(Mehdi Ordikhani-Seyedlar)
• Quem gostaria de saber como os grandes líderes inspiram a ação? (Simon Sinek)

Exemplos de perguntas fechadas para gerar curiosidade, baseadas em apresentações no TED.com:
• Vocês sabiam que as escolas matam a criatividade? (TED de Sir Ken Robinson)
• Você viveria em uma bolha flutuando no céu? (TED de Tomás Saraceno)
• Um robô consegue passar no vestibular? (TED de Noriko Anai)
• As nuvens podem nos dar mais tempo para resolver as mudanças climáticas? (Kate Marvel)

Exemplos de perguntas abertas para gerar curiosidade:
• O que você acha de viver antes de morrer? (TED de Steve Jobs)
• Por que somos felizes? (TED de Dan Gilbert)
• O que o revestimento de açúcar nas suas células está tentando te dizer? (TED de Carolyn Bertozzi)
• Quais decisões morais os carros autônomos devem tomar? (TED de Iyad Rahwan)
• O que nossas telinhas e dispositivos estão fazendo conosco? (TED de Adam Alter)

Para lembrar: Faça perguntas fechadas com pronome interrogativo "Quem", que despertem interesse ou necessidade. Faça perguntas abertas ou fechadas que gerem curiosidade.

Acordos

Os acordos servem para você evitar ou minimizar o aparecimento de problemas durante o evento. Por se tratar de um acordo, significa que não podemos impor uma série de regras. Ao mesmo tempo, as pessoas tendem a defender aquilo que elas ajudam a construir. Portanto, durante um acordo, ao invés de você falar, é importante fazer perguntas, para que os participantes digam as regras que eles irão seguir. Assim, aumentará o comprometimento deles.

Durante o acordo, as perguntas abertas e horizontais são mais adequadas - elas aumentam a autonomia das pessoas para que digam com o que gostariam de se comprometer. Recomendo também a utilização de suavizadores.

Evite perguntas fechadas e, principalmente, as perguntas afirmativas. Questões como "vocês não acham que deveríamos desligar os celulares?" são afirmações, imposições colocadas em forma de pergunta. Troque esse tipo de indagação por algo como "o que vocês gostariam de adotar como acordo quanto aos celulares?".

Para lembrar: Faça perguntas abertas e horizontais, e utilize suavizadores quando possível.

Relevância ou Venda

É o momento de gerar relevância sobre um determinado tema ou atividade. Antes de passar para o conteúdo em si, é importante que a pessoa perceba valor naquilo - do contrário, ela não terá motivação suficiente para gerar o aprendizado.

Podemos mostrar a relevância com base na teoria biopsicológica da personalidade, proposta por Jeffrey Gray, que leva em consideração o funcionamento dos sistemas responsáveis por nosso comportamento: o sistema de inibição comportamental e o sistema de ativação comportamental.

No livro "A mente influente", Tali Sharot descreve sobre a Lei da aproximação e desvio, baseada em experimentos do psicólogo Wayne Hershberger. Segundo essa lei, nós "nos aproximamos daquelas pessoas, objetos e acontecimentos que acreditamos que podem nos fazer bem e evitamos os que podem nos prejudicar."

O sistema de inibição comportamental é o que avalia no ambiente os riscos e ameaças, e quando os percebe, impede a nossa ação. Já o sistema de ativação comportamental está relacionado com as recompensas, e no momento que as percebe, nos incentiva a agir. Portanto, na expectativa de algo ruim, nosso instinto é de evitar. Já quando a expectativa é de algo bom, nosso instinto é de agir.

Por isso, se nosso propósito é levar a pessoa a não fazer algo, podemos acionar o sistema de inibição comportamental ao fazê-la refletir sobre as possíveis consequências negativas. Se nosso propósito é levar a pessoa a fazer algo, podemos empregar perguntas que a façam refletir sobre as consequências positivas - ou seja, as recompensas -, e com isso iremos acionar o sistema de ativação comportamental.

Alguns exemplos para gerar relevância com base no sistema de inibição comportamental:

• Quais as desvantagens de empregarmos perguntas reflexivas na abertura?

• Qual prejuízo podemos ter se não empregamos perguntas durante a facilitação de um conteúdo?
• Quais as implicações do emprego equivocado das perguntas?
• O que podemos perder se não colocarmos as pessoas numa atitude receptiva durante um treinamento?

Alguns exemplos para gerar relevância com base no sistema de ativação comportamental:
• Qual a importância de utilizarmos perguntas no processo de facilitação?
• Quais benefícios de fazermos perguntas abertas durante uma conversa?
• Quais as vantagens de fazermos perguntas durante um acordo?
• O que podemos ganhar com a aplicação de perguntas num treinamento?
• Qual a relevância de perguntas fechadas durante a abertura?

Para lembrar: Faça perguntas sobre prejuízos para levar a pessoa à inação. Faça perguntas sobre benefícios para levar a pessoa à ação.

Facilitação de um conteúdo:

Devemos partir do pressuposto de que o nosso público possui experiências e conhecimentos prévios ao evento. É importante envolvê-los no processo de aprendizagem, pois eles também valorizam a autonomia e a participação. São todos princípios da andragogia (aprendizagem de adultos). Portanto, recomendo que, ao invés de ficar "teorizando" sobre um assunto, você faça perguntas e construa junto com o público o conhecimento. Faça perguntas para que eles aprendam ao invés de você ensinar.

Um cuidado importante: Não pergunte diretamente sobre aquilo que as pessoas não sabem a resposta. Ao invés disso, faça perguntas para orientar e construir o entendimento. Por exemplo: você quer explicar uma ferramenta que ajuda a tornar a comunicação mais clara. Você não pode perguntar diretamente "o que significa o acrônimo M.I.D.A.S.?" Se as pessoas nunca ouviram falar, não saberão responder. Nesse caso, você pode construir esse conhecimento fazendo perguntas indiretas sobre o acrônimo. Por exemplo: "quando eu falo que uma pessoa é tão doce como mel, ou que a pessoa é fria como gelo, qual figura de linguagem estou empregando?". Posso, ainda, apresentar o conteúdo com perguntas que demonstrem a relevância dele: "O que é uma metáfora?", ou "Qual a importância de utilizamos metáforas na comunicação?."

Para a facilitação de um conteúdo, podemos começar com perguntas abertas e horizontais, para gerar amplitude de respostas, e a partir delas fazermos perguntas verticais para direcionar ao entendimento.

Para lembrar: Comece com perguntas abertas e horizontais, e a partir das respostas direcione para o entendimento com as perguntas verticais.

Processamento:

É um momento muito rico que ocorre após alguma experiência durante o evento. Serve para checar o entendimento, alinhar pontos soltos, gerar consciência e aumentar a aprendizagem.

Se existe um momento em que as perguntas são cruciais num treinamento, é este. O processamento é dos participantes, nosso papel é ajudá-los a expressarem suas reações, como se sentiram, qual o aprendizado que tiveram, como ele se aplica na realidade deles, qual impacto que esta aprendizagem pode ter na vida deles e quais resultados eles podem obter a partir dela. Também podemos analisar as dificuldades encontradas, os cuidados que devem ter ao aplicar o que aprenderam, quais benefícios poderão ter.

Recomendo começar com perguntas abertas e horizontais, e depois verticalizar para gerar aplicabilidade.

Exemplos de perguntas para o processamento:
- Como foi a experiência? (Foco na reação das pessoas)
- Quais foram as sensações que vocês experimentaram durante a atividade? (Foco nos sentimentos e emoções)
- O que especificamente vocês aprenderam? (Foco no aprendizado)
- Como funcionaria em outras situações? (Foco na generalização para outras possibilidades de aplicação)
- Como isto impactaria o trabalho de vocês? E a vida? (Foco no impacto da aplicação do aprendizado)
- Quais resultados poderiam obter? (Foco em resultados)
- O que especificamente vocês estão dispostos a colocar em prática? (Foco em ação específica)
- Quando pretende colocar em prática? (Foco em comprometimento)
- Quais benefícios poderão obter? (Foco em benefícios)
- O que pode impedir de colocar em prática? (Antecipar possíveis obstáculos)
- Como poderá ultrapassar este obstáculo? (Foco no plano B)

Para lembrar: Comece com perguntas abertas e horizontais, e a partir das respostas direcione para concretizar a aplicabilidade com as perguntas verticais.

Fechamento:
Devemos fechar tudo aquilo que abrimos. Há uma tendência das pessoas lembrarem do que acontece no início (efeito primazia) e do que acontece no final (efeito recentidade) - por isso, é importante conectar o fechamento com a abertura ou com o conteúdo que foi apresentado. Podemos usar perguntas para fazer um breve resumo da aprendizagem, aplicando perguntas fechadas, principalmente quando se tratar de uma ferramenta ou processo. No entanto, acredito que o fechamento é um momento de aplicarmos as "perguntas poderosas", com a finalidade de fazer os participantes refletirem ou para levá-los à ação.

Exemplos de Perguntas Potencialmente Poderosas:
• O que faria se já fosse a pessoa que tem o potencial para ser?
• O que está impedindo de exercer o seu melhor?
• Daqui a 10 anos, ao olhar para trás, o que vai dizer deste tema?
• Se você tivesse uma varinha mágica, como resolveria o tema a seu gosto?"
• Se tudo funcionasse perfeitamente em sua vida, o que você estaria fazendo daqui a dez anos?
• Se não houvesse limites, o que você faria?

- Se você pudesse oferecer a um recém-nascido só um conselho, qual seria?
- Se você soubesse que todos que você conhece morreriam amanhã, quem você visitaria hoje?
- O que você faria de forma diferente se soubesse que ninguém iria julgá-lo?
- O que aconteceria se isso deixasse de ser um problema?
- Em uma escala de 1 a 10, qual é o grau de certeza que você tem de que levará adiante as ações combinadas? O que impede a obtenção do grau 10?
- Que comprometimento você tem, em uma escala de 1 a 10, para executar as ações acordadas? O que impede isso de ser um 10? O que você poderia fazer ou alterar para levar o seu comprometimento a chegar mais perto do 10?

Para lembrar: as perguntas poderosas são adequadas para o encerramento, com o propósito de gerar reflexão ou levar os participantes à ação.

Perguntas que vendem

Algumas pessoas acreditam que um bom vendedor é aquele que fala mais. No entanto, está comprovado que um bom vendedor é aquele que possui a capacidade de escutar para compreender e que faz perguntas. No livro "Inteligência Emocional em Vendas", o autor afirma que "os super vendedores exploram uma linguagem de perguntas para descobrir necessidades, problemas, dores e oportunidades", inclusive para promover a autoconscientização dos compradores quanto às possíveis implicações de manterem o status quo.

Um modelo de perguntas que pode ser muito útil no processo de vendas, desenvolvido por Neil Rackham, é o SPIN Selling. O autor afirma que "as perguntas convencem mais que qualquer outra forma de comportamento verbal."

Modelo SPIN

Perguntas de Situação: As perguntas de situação ajudam a coletar dados, fatos e informações sobre a situação atual do seu cliente. São mais úteis no início do processo de vendas. Elas devem ser utilizadas com moderação, principalmente com perfis dominantes, pois eles possuem uma certa aversão a detalhes e uma tendência ao resultado.

Ex: "Quantas pessoas você emprega?", "Você poderia me dizer sobre os planos de crescimento de sua empresa?", "Em sua opinião, quais são os objetivos nesta área?", "Há quanto tempo você tem seu equipamento".

Perguntas de Problema: As Perguntas de Problema fornecem a matéria-prima a partir da qual o restante da venda será construída. Ajudam a descobrir problemas, dificuldades e insatisfações. Compreender os problemas que seus produtos e serviços podem resolver ajudará você a fazer Perguntas de Problema mais adequadas.

Ex: "Você está satisfeito com o equipamento atual?", "Quais são as desvantagens ao lidar com seu sistema atual?", "Quais problemas de qualidade que você possui?".

Perguntas de Implicação: As perguntas de implicação exploram as consequências ou implicações dos problemas de um cliente. Elas ajudam a aumentar a consciência do comprador sobre as reais consequências do problema. Portanto, não basta identificar o problema e propor uma solução, pois o cliente poderá achar que o problema não merece o investimento que está sendo proposto.

Ao fazer Perguntas de Implicação, você estará aumentando o valor da sua solução. Elas funcionam como uma lupa ao ampliarem as implicações dos problemas. Nessa etapa, você poderá empregar as perguntas verticais para aprofundar nas implicações do problema e ajudar a aumentar a consciência do comprador.

Ex: "Como esse problema afetará sua futura rentabilidade?", "Que efeito esse índice de rejeição tem no nível de satisfação do cliente?", "Que efeito isso tem no resultado?", "Isso poderia levar ao aumento de custos?".

Perguntas de Solução: As perguntas de solução exploram o valor ou a utilidade da solução de um problema. Focam a atenção do cliente na resolução e não no obstáculo. Isso ajuda a criar uma atmosfera positiva de solução de problemas em que a atenção é dada a soluções e ações, e não apenas problemas. Ajudam a aumentar a aceitação da solução.

Ex: "Como isso ajudaria?", "Quais benefícios você vê?", "Por que é importante resolver esse problema?", "Há alguma outra forma de isso poder ajudá-lo?".

Quando apliquei esse modelo pela primeira vez, recebi o grande poder que existe nas perguntas de implicação, mas também ficou claro que devemos usar com moderação, principalmente levando em consideração os pressupostos de cada pergunta.

Ao aplicar esse modelo, recomendo que observe os 7 Ps. Cada etapa do modelo já está relacionada com um propósito específico. Será importante empregar palavras estratégicas que foram utilizadas pelo comprador - assim, você estará falando a linguagem dele. Se ele falou que o problema já está dando dor de cabeça, por exemplo, ao aprofundar você pode empregar a expressão utilizada por ele.

Processo de Perguntas

Outro modelo que pode ser utilizado no processo de vendas foi desenvolvido pela Dale Carnegie.

No livro "Alta performance em vendas", os autores afirmam que os vendedores que conseguem fazer perguntas boas conseguem descobrir detalhes que os concorrentes nunca vão descobrir. Ao fazerem perguntas, esses vendedores poderão descobrir o que realmente tira o sono do cliente e quais são suas principais frustrações.

Os autores sugerem um processo de quatro etapas: Como é, Como deveria ser, Barreiras e Resultados.

Perguntas de "Como é": buscam compreender a situação atual do cliente. As respostas a essas perguntas ajudarão a determinar quais dos produtos e serviços atendem às necessidades do cliente. Seria o equivalente às perguntas de situação e de problemas do modelo SPIN.

Perguntas de "Como deveria ser": buscam a visão do cliente de como as coisas deveriam ser numa situação em que tudo estivesse correndo bem. Juntamente com as perguntas de resultado, equivalem às perguntas de necessidade de solução do modelo SPIN.

Perguntas de "Barreiras": buscam clarear o que está impedindo o cliente de alcançar o "Como deveria ser". Podemos relacionar com as perguntas de implicação do modelo SPIN.

Perguntas de "Resultados": revelam o retorno emocional que nosso cliente receberá. Como mencionado nas perguntas de "como deveria ser", equivalem às perguntas de necessidade de solução do modelo SPIN.

Ao meu ver, um dos pontos fortes desse modelo é aumentar a consciência do comprador da lacuna entre o "Como é" e o "Como deveria ser" - o que pode ajudar a evidenciar as possíveis barreiras que estão impedindo o cliente de alcançar os resultados que ele está buscando.

Perguntas que influenciam

Numa das minhas visitas às livrarias encontrei um exemplar do livro "Influencie!: como expor suas ideias e convencer qualquer pessoa em apenas 7 minutos." Embora tenha ficado curioso, também fiquei muito resistente com a promessa de convencer alguém em 420 segundos. Mas, como a curiosidade foi mais forte, em menos de 300 segundos eu já havia comprado o livro.

PhD em Psicologia, pesquisador e professor da Escola de Medicina da Universidade de Yale, o autor Michael Pantalon desenvolveu um modelo com apenas seis perguntas para ajudar a realizar o que ele denominou de "influência instantânea". Ele descreve que esse é o único método cientificamente comprovado para motivar pessoas em sete minutos ou menos.

Durante a leitura do livro é possível perceber 3 princípios que fundamentam seu método:

1. "Ninguém é obrigado a fazer absolutamente nada; a escolha é sempre sua.
2. Todos já possuem motivação suficiente.
3. Focar em qualquer vestígio de motivação, por menor que

seja, funciona muito mais do que perguntar sobre resistência."

As seis perguntas propostas por Michael Pantalon são exemplos de perguntas verticais, pois elas vão aprofundando. Vamos analisar cada uma delas:

1) Por que você poderia querer mudar? (Ou para influenciar a si mesmo, por que eu poderia mudar?)

Ex: por que você poderia querer cortar o açúcar?

Esse primeiro passo tem como objetivo acessar a motivação inicial e ajudar a outra pessoa a baixar a guarda. Por isso contém um vocabulário condicional (seria, poderia, talvez, se, tente, dê uma chance).

A pergunta sugerida no método tem foco numa mudança futura. No entanto, uma alternativa é focar no que a pessoa esteja fazendo no momento e perguntar por que ela está fazendo isso.

Ex: por que você escolheu salada?

Quando não há um comportamento desejável no momento presente e você não quer ainda perguntar sobre a mudança futura, é possível focar no passado.

Ex: por que queria se exercitar naquela época?

2) O quanto você está disposto a mudar? (numa escala de 1 a 10, em que 1 significa "nenhum pingo de disposição" e 10, "totalmente disposto")

Antes de fazer a pergunta do segundo passo, o autor recomenda que você reflita a motivação - ou seja, você irá intencionalmente ecoar para a pessoa o que ela acabou de falar. O eco, nesse caso, tem o propósito de aumentar a consciência da pessoa sobre essa motivação inicial.

O objetivo desse segundo passo é ajudar a determinar a motivação da pessoa. O principal com essa segunda pergunta não é o número, "mas o processo do pensar sobre o motivo" para que possa querer fazer algo, afirma Pantalon.

Se a resposta for 1, você poderá perguntar: O que seria preciso para que você mudasse esse 1 para 2? Isso levará a pessoa a refletir novamente sobre a motivação existente.

3) Por que não escolheu um número menor?

Ao meu ver, o grande segredo do método está nas perguntas 2 e 3 - especialmente na pergunta 3. Ela tende a pegar as pessoas desprevenidas, pois o normal seria perguntar por que a pessoa não falou um número mais alto. O fato de perguntar por que não disse um número mais baixo irá atuar como um catalisador da motivação. A pessoa terá que defender o porquê de não ter dito um número menor, e então irá falar da motivação existente.

4) Imagine que você tenha mudado. Quais seriam os resultados positivos?

Nesse passo, você perceberá que a pergunta possui preâmbulo. Os três primeiros passos têm como objetivo estabelecer a motivação inicial para a mudança. Já o passo 4 poderá ajudar a pessoa a visualizar os benefícios que ela terá. Estaremos acionando o sistema de ativação comportamental que vimos no tópico Perguntas que facilitam.

Variações da pergunta:

"Imagine que você já fez a mudança sobre a qual estamos falando. Agora me diga como você será beneficiado por isso?"

"Suponha que tivéssemos uma varinha mágica e essa mudança simplesmente tivesse acontecido - sem custo nem esforço, algo feito por mágica. Como você poderia se beneficiar?"

5) Por que esses resultados são importantes para você?

Nesse passo, o foco é influenciar a pessoa - verticalizando ainda mais - a encontrar as razões pessoais que poderão fazê-la entrar em ação. Inclusive, você poderá ir repetindo a pergunta até que a pessoa encontre essa razão, da mesma forma que acontece com o método dos "5 porquês", que mencionei no capítulo sobre os Pronomes Interrogativos.

6) Qual o próximo passo, se é que há mais algum?

Esse passo é sobre o "Como" - ou seja, o plano de ação. Para ajudar a especificar esse plano, você pode seguir a orientação que escrevi no tópico sobre o pronome interrogativo "Como", que consiste em fazer perguntas repetindo o pronome até que se tenha um plano específico.

Perguntas baseadas em valores

Valores são as coisas que acreditamos ser da maior importância e da mais alta prioridade em nossas vidas. Eles justificam e influenciam nosso comportamento e a maneira como reagimos.

Os nossos valores são formados desde a infância, por influência das pessoas que convivemos e confiamos - nossos pais, avós, irmãos mais velhos, professores e amigos. Portanto, os valores são aprendidos, ainda que inconscientemente, ao mesmo tempo em que também transmitimos para outras pessoas que confiam em nós.

O livro "Como ter relacionamentos lucrativos e influenciar pessoas", apresenta um método, baseado em perguntas, para você conseguir identificar quais são os valores da outra pessoa durante uma conversa. Esse método poderá, inclusive, ajudar a própria pessoa a ter mais consciência daquilo que ela valoriza.

Por ser um diálogo e não uma entrevista, preferi denominar de "Diálogo de Valor". Justamente por isso, não será um interrogatório, mas um bate-papo com o propósito de tornar consciente os valores das pessoas envolvidas nesse diálogo. Para que a outra pessoa possa se abrir a responder as perguntas mais profundas - que são justamente as perguntas sobre valores -, será importante que você também se abra - ou nas palavras da Brené Brown, que demonstre vulnerabilidade.

Diálogo de Valor - DV:

O DV é uma conversa com o propósito de identificar o que o outro mais valoriza (valores positivos). Durante o diálogo, também é possível conhecer o que a pessoa quer evitar - ou seja, os seu valores negativos.

O DV é conduzido através de três categorias de perguntas:

A) Perguntas factuais: são as perguntas que mais fazemos durante uma conversa. Elas focam em fatos, e são especialmente importantes para a fase de aproximação com a outra pessoa, inclusive de identificação.

Algumas perguntas comuns nessa fase:
- Onde você cresceu?
- Qual a sua formação?
- Qual o seu trabalho?
- O que você faz nos momentos de lazer?

B) Perguntas causais: visam entender os motivos das decisões da outra pessoa, são os "porquês" - quais foram suas escolhas e suas razões. Nessa segunda fase da conversa, que já não é tão comum naqueles bate-papos diários, buscamos compreender um pouco mais o mundo da outra pessoa através de suas escolhas conscientes ou até mesmo inconscientes. É um momento muito importante do diálogo, pois servirá de transição suave para as perguntas baseadas em valores.

Alguns exemplos:
- Por que você escolheu estudar nessa faculdade?
- Por que você escolheu essa graduação?
- Por que você escolheu trabalhar nessa empresa?

C) Perguntas baseadas em valores: são a essência do DV, e por serem mais profundas, merecem alguns cuidados especiais. O primeiro deles é evitarmos tocar em assuntos que a outra pessoa não quer abordar. Será importante analisar os pressupostos das perguntas antes de fazê-las - do contrário, poderemos gerar exposições ou constrangimentos. Perguntar "o que você faria se soubesse que teria apenas mais seis meses de vida?" para uma pessoa que foi recentemente diagnosticada com uma doença grave, por exemplo, e que ainda não sabe das consequências do diagnóstico, é um exemplo de pergunta que pode levar ao constrangimento. Por isso, é fundamental passar pelas etapas anteriores para saber onde e quando poderá aprofundar com as perguntas baseadas em valores.

- Que pessoa teve um impacto importante sobre sua vida?
- Ao olhar para trás, qual foi o momento decisivo em sua vida?
- Ao analisar suas conquistas, qual delas em especial você sente muito orgulho?
- O que te faria sair da empresa atual? O que te faria ficar?
- O que você está fazendo nos momentos que sente mais harmonia e paz?
- O que te energiza? O que te motiva?
- O que sempre pensa em ser ou fazer algum dia?
- Quando sua vida terminar, ficará contente por ter feito o quê? O que você gostaria que escrevessem em sua lápide?
- Que palavras sábias você diria a um jovem se eles buscasse seu conselho?
- Se pudesse enviar uma mensagem para si mesmo quando mais jovem, o que escreveria?
- O que você não tolera fazer? O que você quer evitar? O que te causa sofrimento?

Perguntas que solucionam

Em 2010, após ministrar um treinamento de liderança, agendei com um dos participantes para visitar a sua empresa. Quando a secretária dele me levou até sua sala, havia um papel fixado na porta, pelo lado de fora, com quatro perguntas e uma frase: "Somente entre na sala após ler as 4 perguntas abaixo e ter uma resposta, pelo menos, para as 3 primeiras."

Confesso que fiquei orgulhoso, mas também curioso para saber como a sua equipe tinha reagido. Quando entrei na sala, não pude me conter e fiz a pergunta que estava quase saltando da minha boca: "E aí, como eles reagiram?". Ele deu uma risada, disse que o povo tinha reclamado e que até o momento eles chegavam com a resposta apenas até a segunda pergunta. "Mas já é uma evolução", revelou. Antes, a equipe costumava entrar na sala apenas para relatar um problema.

As quatro perguntas foram extraídas de um dos treinamentos da Dale Carnegie, e também podem ser encontradas no livro "Como superar as preocupações e o estresse."

Método das quatro perguntas
1. Qual é o problema?
2. Quais são as causas do problema?
3. Quais são as possíveis soluções?
4. Qual é a solução mais sensata?

Método do pensador para solucionar problemas
Passo 1: Aceitei o problema?
Passo 2: O que sei sobre o problema?
Passo 3: Como posso definir o problema?
Passo 4: Quais são as alternativas?
Passo 5: Quais são as vantagens e desvantagens de cada alternativa?
Passo 6: Qual é a melhor solução?
Passo 7: A solução está funcionando satisfatoriamente?

Perguntas Alternativas
1. Qual é o problema que você está enfrentando?
2. De que forma ele está causando um impacto sobre você?
3. Quem mais está sofrendo o impacto?
4. Como seria se o problema fosse resolvido?
5. Como você seria impactado por um resultado bem-sucedido?

6. Como as outras pessoas ou grupos seriam impactados por um resultado bem-sucedido?

7. O que você mesmo pode fazer para seguir em frente?

8. Como você pode convidar alguém para ajudar com a solução?

Perguntas que transformam Adversidades

Paul Stoltz define adversidade como pessoal e relativa. Ela também pode ser universal, no sentido de que afeta a todos; interior, ao prejudicar estados internos, físicos, mentais, emocionais e espirituais que nos causam aborrecimento; ou exterior, quando são coisas que ocorrem fora de nós e nos causam dificuldades.

Ao contrário do senso comum, em que adversidades são somente as coisas sérias ou terríveis, elas abrangem todo o tipo de problemas, obstáculos, dificuldades, aborrecimentos, infortúnios, reveses e desafios. Para enfrentar as adversidades, precisamos de toda a nossa capacidade humana: nossos talentos, aptidões, habilidades, experiências, conhecimentos e da nossa vontade. Stoltz categoriza a capacidade humana de três formas:

Capacidade Exigida: é o que se exige de nós para que possamos atender às exigências do dia, e que está em contínuo crescimento e expansão.

Capacidade Existente: define tudo o que nós somos capazes de fazer (conhecimentos, habilidades, aptidões, talentos, experiência etc.). Ela define o que poderíamos oferecer caso viéssemos a explorar todo o nosso potencial.

Capacidade Explorada: é a parcela de nossa capacidade existente que conseguimos explorar diante de uma adversidade, já que nem sempre conseguimos explorar toda a nossa capacidade.

Analise as seguintes perguntas:

- Quanto de sua capacidade existente você consegue explorar diariamente?

_____

- Quanto fica em seu estado latente?

_____

- Na hora da verdade, você enfrenta o desafio, cava fundo e demonstra grandeza?

_____

- Você fica impassível diante dos aborrecimentos, desafios e incertezas cotidianas?

_____

A Linguagem da Adversidade - CRAD

O CRAD, segundo Stoltz, é derivado do Quociente de Adversidade (QA), que é a medida que usamos para responder a todos os tipos de adversidades - ou seja, como reagimos às circunstancias da vida. Portanto, CRAD é um acróstico que contém quatro dimensões do QA: Controle, Responsabilização, Alcance e Duração.

Controle - o aspecto mais importante do controle é a influência. A questão principal não é se você tem controle de tudo. A pergunta realmente vital é: quando a adversidade surge, até que ponto você percebe que pode influenciar o que acontecerá a seguir?

"Quais são os aspectos desta situação ou adversidade que posso potencialmente influenciar?"

Responsabilização - responsabilizar-se significa fazer a coisa certa, mesmo quando não se é solicitado a fazê-lo e mesmo que não seja sua atribuição. No entanto, responsabilizar-se não significa colocar a carga inteira sobre seus ombros ou despender energia preciosa tentando achar um culpado. Trata-se da tendência de fazer algo, por menor que seja, para melhorar as coisas.

"O que posso fazer para produzir um efeito imediato e positivo sobre esta situação ou adversidade?"

Alcance - o alcance influencia a carga que você transporta ao longo da vida. Quando melhora o alcance de uma adversidade, você reduz seus efeitos colaterais, limita os prejuízos que poderão advir e amplia os aspectos positivos, liberando energia e possibilidades inéditas.

"O que posso fazer para minimizar ou conter os aspectos negativos desta situação?"

"O que posso fazer para otimizar os aspectos positivos potenciais desta situação?"

Duração - a duração influencia muito as mudanças. As pessoas que encaram determinada mudança como algo temporário, no qual elas podem se empenhar para acelerar a transição, tendem a se energizar com as mudanças. Mas aquelas que veem as mudanças como um processo penoso, horrível e arrastado tendem a sucumbir ao seu peso.

"Como posso passar por isso o mais depressa possível?"

Perguntas adicionais das dimensões do CRAD para lidar com Adversidades:

1. Que coisas estão fora do seu controle?

2. De todas essas coisas, quais se encontram totalmente fora da sua influência?

3. Das coisas que pode influenciar nessa situação, quais são as duas mais importantes?

4. Onde e como pode se antecipar para gerar uma mudança positiva e imediata nessa situação?

5. Qual é a pior coisa que poderia acontecer?

6. Pensando de maneira mais ousada, qual é a melhor coisa que poderia acontecer?

7. O que pode fazer para minimizar as possíveis consequências negativas desta situação?

8. O que pode fazer para maximizar as possíveis consequências positivas desta situação?

9. Que efeito você quer que esta adversidade tenha sobre sua vida no futuro?

10. O que pode fazer para obter esse resultado da maneira mais rápida e completa possível?

Plano de ação:
- Qual ação realizar primeiro? Quando agir?
- Como colocar essa ação em prática?
- Qual o obstáculo mais provável? Como lidar com ele?
- Se a primeira ação fracassar ou não alcançar totalmente o objetivo, o que pode fazer então? Quando? Como?

Perguntas que esclarecem

Certo dia estava ajudando uma amiga a colocar alguns utensílios na parede, no Lago Norte, em Brasília. Na hora de prender um deles na parede, percebi que estava faltando um parafuso. Perguntei para o porteiro do prédio se tinha alguma loja de ferragens por perto, e ele disse que não. Não me conformei com a reposta e resolvi dar uma volta nas redondezas. Encontrei uma estofaria e perguntei para um senhor que estava na porta se ele sabia de alguma loja de ferragens. Esperava uma resposta semelhante à do porteiro, mas fui pego de surpresa com a seguinte pergunta, direta e curta: "o que você quer numa loja de ferragens?" A pergunta soou um pouco rude, mas respondi que queria um parafuso. Ele apontou para uma loja de materiais de informática e disse: "naquela loja você encontrará o que está buscando."

Essa história evidencia a importância de esclarecer uma informação, e como uma simples pergunta - direta, curta e ainda que percebida como rude - pode fazer toda a diferença. Aquele senhor poderia simplesmente ter respondido minha pergunta, informando que não havia lojas de ferragens nas redondezas, como o porteiro tinha feito. Ao invés disso, resolveu esclarecer o meu pedido e assim pôde me apresentar uma solução alternativa.

Atribuímos significados às palavras de acordo com as nossas experiências e conhecimentos. Portanto, para uma mesma palavra, duas pessoas podem atribuir significados completamente diferentes, com base em sua bagagem de vida.

As perguntas também nos ajudam a esclarecer o significado das chamadas palavras "grávidas", aquelas "às quais cada individuo atribui um significado de acordo com o seu mapa mental." A expressão "mapa mental", inclusive, é um bom exemplo disso. Cada pessoa pode dar um significado diferente, e a própria autora não o esclareceu.

Em 2010, quando fiz minha primeira formação em Coaching, lembro-me que achei muito estranho quando o Rhandy Di Stéfano, falou sobre as "palavras grávidas" - eu procurei visualizar uma palavra literalmente grávida e não consegui. Mas o sentido que ele deu foi o mesmo apresentado anteriormente - ou seja, cada pessoa tem o seu entendimento sobre a palavra tida como "grávida". Inclusive o Rhandy nos ensinou um processo chamado de Desconstrução.

Desconstruir é chegar à essência, no fato, na parte mais concreta da palavra. Ex: Meu chefe é chato. Para desconstruir: Qual ação que ele faz que o torna chato? A pergunta foca na ação, na evidência que demonstre esse comportamento. Não se trata de pedir o conceito ou a opinião da pessoa sobre a palavra. Uma pergunta inadequada seria: "Em sua opinião o que é ser chato?", pois poderá apenas aumentar a abstração ao invés de representar um comportamento ou fato concreto.

Para ganhar fluidez no diálogo, não é adequado desconstruir durante a história que a outra pessoa está contando. O ideal é esperarmos o término da história para desconstruir as palavras grávidas que estiveram presentes.

Exemplos de perguntas para desconstruir as denominadas palavras "grávidas":

- O que você (pessoa) faz (fez) que chama de _____
_____?

- O que ele(a) FAZ para você chamar de _____
_____?

- O que a pessoa FEZ para _____
_____?

- Qual é a ação que te incomoda? _____
_____?

Perguntas autonomizadoras

Uma vez dei carona para uma amiga. Conversávamos sobre filhos e os desafios de cada fase, bem como as alegrias. Eu comentei que a Maria Luisa estava na fase que adorava tomar banho. Ela rapidamente argumentou que era para aproveitar, pois tinha dificuldades para fazer seu filho tomar banho, e que em algumas situações perdeu a paciência e até ameaçou castigá-lo caso não fosse para o chuveiro. Foi então que sugeri uma abordagem diferente. Perguntei se ela já havia experimentado deixar a criança decidir o momento do banho - neste caso, o que estaria em discussão não seria se ele iria ou não, mas apenas o momento. Perguntei a ela se faria diferença ele tomar banho antes ou após o jantar, e ela disse que não. Sugeri que ela fizesse a seguinte pergunta ao filho: "filho, você prefere tomar banho antes ou depois do jantar?"

Depois que ela aplicou, me ligou entusiasmada e disse que nem acreditou que funcionou. Segundo ela, o menino até olhou assustado, mas que respondeu que preferia após o jantar, pois estava jogando. E assim que terminou a refeição, ela apenas o lembrou de sua escolha e ele foi sem reclamar.

O que ensinei para minha amiga é uma estratégia que emprego quando quero marcar uma reunião com um cliente. Faço uma pergunta colocando duas sugestões de datas para a reunião, e pergunto o que seria melhor para eles.

São dois exemplos de como fazer uma pergunta autonomizadora - ou seja, embora contenha suas intenções de escolha, a decisão final ainda é do outro. Realmente a pessoa sente que decidiu, e ela o fez, dentro dos limites que você estabeleceu.

A autonomia está no cerne da motivação intrínseca - segundo a teoria da autodeterminação, ela é uma das três necessidades psicológicas básicas. Portanto, ao empregar uma pergunta autonomizadora, estaremos mobilizando a autonomia da outra pessoa, levando-a a um querer e não a uma obrigação.

Uma pergunta autonomizadora contém elementos que reforçam a autonomia do outro e geram escolhas que podem ter parâmetros preestabelecidos por você. Ao invés de dar uma ordem, você pode empregar o autonomizador para reforçar a autonomia da outra pessoa. Você pode incluir junto as sugestões que você gostaria que a pessoa escolhesse.

A denominação de perguntas autonomizadoras foi inspirada no capitulo Reforço de Autonomia, do livro "Influencie!", de Michael Pantalon, no qual ele defende que a autonomia é a base do seu processo de influência.

Expressões úteis ao fazer uma pergunta autonomizadora:

O que você prefere...
Qual.... fica melhor para você?
O que acha...
Qual seria melhor...
Como você ...
Qual sua escolha...
Qual a melhorar alternativa...

O que acha de praticar perguntas que aumentem a autonomia da outra pessoa?

Acabei de usar uma pergunta autonomizadora, pois deixei claro que a decisão de usar essa forma de elaborar perguntas é sua.

Você prefere praticar agora ou depois de terminar de ler o livro?

Para refletir:

"O importante é não parar de questionar. A curiosidade tem sua própria razão para existir. Uma pessoa não pode deixar de se sentir reverente ao contemplar os mistérios da eternidade, da vida, da maravilhosa estrutura da realidade. Basta que a pessoa tente apenas compreender um pouco mais desse mistério a cada dia. Nunca perca uma sagrada curiosidade." Albert Einstein

"As perguntas são indubitavelmente um instrumento mágico que permite ao gênio em nossas mentes atender a nossos desejos; são o toque de despertar de nossa capacidade gigante." Anthony Robbins

"Sempre há bela resposta a quem faz uma pergunta ainda mais bela." E.E. Cumming

"No novo mundo, ser capaz de fazer as perguntas certas é mais valioso do que dar as respostas certas." Daniel H. Pink

"As perguntas que você faz determinarão onde focaliza, como pensa, como sente e o que faz." Anthony Robbins

"Se você não está satisfeito com as respostas que a vida lhe dá, comece a fazer perguntas diferentes." Paul McGee

"Nossas perguntas determinam nossos pensamentos." Anthony Robbins

"A diferença entre as pessoas é a diferença nas perguntas que fazem sistematicamente." Anthony Robbins

"A capacidade de mudar deliberadamente nossas perguntas internas põe, em nossas mãos, as rédeas de nossos pensamentos." Marilee G. Adams

"As perguntas têm a capacidade de dirigir nossos pensamentos e, por conseguinte, nossos atos e os resultados que desejamos." Marilee G. Adams

"O nosso processo de pensar é um pensar com perguntas." Marilee G. Adams

"As boas perguntas são mais poderosas do que as respostas." André Sobel

"Um líder não é medido pelas respostas que dá, mas sim pelas perguntas que faz." Ciro Daniel

"As boas perguntas desafiam o pensamento, tanto o nosso como o de outras pessoas." Ciro Daniel

"As perguntas são as chaves para abrir portas fechadas." Ciro Daniel

Bibliografia

ADAMS, Marilee G. **Faça as perguntas certas e viva melhor.** São Paulo: Editora Gente, 2005.

ANZORENA, Oscar R. **Maestria personal**: el camino del liderazgo. Buenos Aires: Ediciones Lea, 2011.

BAUMEISTER, Roy F./ TIERNEY, John. **Força de vontade**: a redescoberta do poder humano. São Paulo: Lafonte, 2012.

BECK, Judith S. **Terapia cognitivo-comportamental**: teoria e prática. 2 ed. Porto Alegre: Artmed, 2013.

BISHOP, Russel. **Alternativas que funcionam.** São Paulo: Clio Editora, 2012.

BLANCHARD, Scott/HOMAN, Madeleine. **Alavanque seu potencial**: os principais segredos de coaching dos grandes executivos. Rio de Janeiro: Best Seller, 2006.

BLANE, Hugh. **7 princípios do líder revolucionário**. São Paulo: Universo dos Livros, 2018.

BLOUNT, Jeb. **Inteligência emocional em vendas**: como os supervendedores utilizam a Inteligência emocional para fechar mais negócios. São Paulo: Autêntica Business, 2018.

BURGER, Edward. **Os 5 elementos do pensamento eficaz.** Rio de Janeiro: Elsevier, 2014.

CARNEGIE, Dale. **Como superar as preocupações e o estresse.** Rio de Janeiro: BestSeller, 2015.

CARNEGIE, Dale. **Como ter relacionamentos lucrativos e influenciar pessoas**. Rio de Janeiro: BestSeller, 2013.

CARNEGIE, Dale. **Como fazer amigos e influenciar pessoas**. 52 ed. São

Paulos: Companhia Editora Nacional, 2012.

CHAFFEE, John. **Pense diferente, viva criativamente**: 8 passos para tornar a sua vida mais completa. Rio de Janeiro: Campus, 2000.

CROM, J. Oliver./CROM, Michael. **Alta performance em vendas**: como fazer amigos e influenciar clientes para aumentar suas vendas. 15ª ed. Rio de Janeiro: BestSeller, 2018.

DAVID, Susan. **Agilidade emocional**: abra sua mente, aceite as mudanças e prospere no trabalho e na vida. São Paulo: Cultrix, 2018.

DOWNEY, Myles. **Coaching eficaz**. São Paulo: Cengage Learning, 2013.

HARDY, Benjamin. **Força de vontade não funciona**. Rio de Janeiro: LeYa, 2018.

KAHNEMAN, Daniel. **Rápido e devagar**: duas formas de pensar. Rio de Janeiro: Objetiva, 2012.

KETS DE VRIES, Manfred F. R. **Experiências de coaching:** a formação de líderes na prática. Porto Alegre: Bookman, 2009.

KIN, W. Cham. **A estratégia do oceano azul:** como criar novos mercados e tornar concorrência irrelevante. Rio de Janeiro: Elsevier, 2005.

KOFMAN, Fred. **Liderança e propósito.** Rio de Janeiro: Harper Collins, 2018.

LAGES, Andrea/O'CONNOR. **Coaching com PNL**: o guia prático para alcançar o melhor em você e em outros: como ser um coach master. Rio de Janeiro: Qualitymark Editora, 2013.

LANGER, Ellen J. **Atenção plena**: com praticar mindfulness em todas as áreas de sua vida. São Paulo: Bemvirá, 2018.

LOTZ, Érika Gisele./GRAMMS, Lorena Carmen. **Coaching e mentoring**. Curitiba: InterSaberes, 2014.

LUCAS, Stephen E. **A arte de falar em público.** 11 ed. Porto Alegre: AMGH, 2014.

NADLER, Reldan S. **Liderando com inteligência emocional**: como gerir equipes na prática e conseguir melhores resultados a partir da confiança e colaboração. Rio de Janeiro: Alta Books, 2011.

NISBETT, Richard E. **Mindware**: ferramentas para um pensamento mais eficaz. Rio de Janeiro: Objetiva, 2018.

O'CONNOR, Joseph. **Manual de programação neurolinguística: PNL**: um guia prático para alcançar os resultados que você quer. Rio de Janeiro: Qualitymark Editora, 2014.

PANTALON, Michael. **Influencie!**: como convencer qualquer pessoa acerca de suas ideias em apenas 7 minutos. São Paulo: Lua de Papel, 2012.

PINK, Daniel H. **Saber vender é da natureza humana**. Rio de Janeiro: LeYa, 2013.

PINK, Daniel H. **Motivação 3.0:** os novos fatores motivacionais para a realização pessoal e profissional. Rio de Janeiro: Elsevier, 2010.

RACKHAM, Neil. **Alcançando excelência em vendas: SPIN Selling:** construindo relacionamentos de alto valor para seus clientes. São Paulo: M.Books, 2009.

ROBBINS, Anthony. **Desperte seu gigante interior.** Rio de Janeiro: Best-Seller, 2009.

ROCK, David. **Liderança tranqüila:** não diga aos outros o que fazer; ensine-os a pensar. Rio de Janeiro: Alta Books, 2017.

ROGERS, Jenny. **Aprendizagem de adultos:** fundamentos para educação corporativa. 5ª ed. Porto Alegre: Artmed, 2011.

SEGERSTROM, Suzanne C. **Desmistificando a lei de Murphy:** os segredos dos otimistas para atingir seus objetivos na vida. Rio de Janeiro: Best-Seller, 2007.

SHAROT, Tali. **A mente influente**: o que o cérebro revela sobre nosso poder de mudar os outros. Rio de Janeiro: Rocco, 2018.

SIEGEL, Daniel J. **O poder da visão mental:** o caminho para o bem-estar. Rio de Janeiro: BestSeller, 2012.

SMITH, Hyrum W. **O que mais importa.** 4ª ed. Rio de Janeiro: Best Seller, 2007.

STOLTZ, Paul Gordon. **Desafios e oportunidades:** adversidade: o elemento oculto do sucesso. Rio de Janeiro: Campus, 2001.

STOLTZ, Paul Gordon. **As vantagens da adversidade:** como transformar as batalhas diárias em grandeza cotidiana. São Paulo: WMF Martins Fontes, 2008.

WHITMORE, John. **Coaching para performance:** aprimorando pessoas, desempenhos e resultados: competências pessoais para profissionais. Rio de Janeiro: Qualitymark, 2006.